LA

DÉMOCRATIE

ET

L'ÉGLISE

PAR

LE DOCTEUR BORDES-PAGÉS

PARIS
AUGUSTE GHIO, ÉDITEUR
Palais-Royal, 1, 3, 5, 7, Galerie d'Orléans.

—

1881

LA

DÉMOCRATIE

ET

L'ÉGLISE

PAR

LE DOCTEUR BORDES-PAGÉS

PARIS

AUGUSTE GHIO, ÉDITEUR

Palais-Royal, 1, 3, 5, 7, Galerie d'Orléans.

—

1881

AVANT-PROPOS

Cet opuscule a pour but l'apaisement et la concorde.

Les problèmes démocratiques nous ayant préoccupé dès notre première jeunesse, nous nous sommes appliqué, à travers les conflits des opinions, à chercher la vérité en toute indépendance.

Nous avons voulu dissiper des malentendus, des obscurités.

Le plus souvent on diffère d'avis parce que l'on ne se comprend pas.

Souvent aussi l'on se comprend trop, et de parti pris l'un repousse l'opinion qu'adopte l'autre. Quand la passion s'en mêle, il n'y a point à discuter. La vérité irrite et exaspère celui qui ne veut pas l'entendre.

Mais la passion n'a qu'un temps ; elle s'écoule, comme un torrent troublé, laissant au fond la vérité immuable.

Tâchons de saisir celle-ci sans nous préoccuper du bruit du torrent.

15 septembre 1881.

LA DÉMOCRATIE ET L'ÉGLISE

PREMIÈRE PARTIE

GÉNÉRALITÉS SUR LES LOIS ET LES LÉGISLATEURS

I

Des dissidences entre la Démocratie et l'Église.

On discute journellement sur la situation qui doit être faite à l'Église au sein des institutions civiles modernes. Des débats ardents tendent à scinder la société française en deux camps : l'un comprenant les hommes de progrès et de liberté ; l'autre, les hommes attachés au principe religieux.

En présence de cet abîme qu'on affecte de creuser chaque jour davantage, certaines consciences sont ébranlées, hésitant entre la foi de leurs pères et leurs aspirations démocratiques.

Dans l'intérêt de la République, non moins que dans celui de la Religion, nous voudrions examiner, d'une part, ce que sont en soi les lois de l'État et spécialement les institutions démocratiques ; et, d'autre part, les lois de l'Église. Nous démontrerons que, placés à des points de vue différents, ces deux ordres d'institutions doivent rester distincts ; mais que loin d'être incompatibles, ils doivent subsister côte à côte sans empiéter sur leur domaine réciproque.

II

Variabilité des lois civiles.

Définissons d'abord ce qu'on doit entendre par *loi.*

En physique, une loi c'est *la règle suivant laquelle s'exerce une force.*

Les lois physiques sont constantes, immuables, infaillibles ; elles ne sont jamais transgressées.

Les lois civiles n'ont ni cette constance ni cette infaillibilité. Reflet des mœurs, des coutumes, des opinions et quelquefois des préjugés d'un pays, elles ont pour objet de régler diverses relations entre les citoyens et de maintenir l'ordre et la paix dans la cité.

Dès lors, elles sont variables selon les lieux. Citons-en quelques-unes qui, en France, nous sembleraient assez étranges.

Dans l'Inde, tout mariage entre personnes de caste différente est absolument interdit.

Naguère encore des femmes étaient brûlées vivantes avec le corps de leur époux décédé.

Chez quelques tribus, on ampute deux phalanges du doigt du milieu et de l'annulaire à la mère dont on marie la fille aînée, ou, à défaut de la mère, à la plus proche parente.

Les Brames apprennent avec soin à leurs enfants l'art de mentir, de ruser, de dissimuler.

Il existe encore dans l'Inde une noble caste de voleurs. (*Callers*) (1).

Chez les anciens Hébreux, toutes les dettes étaient abolies périodiquement et chaque propriété était restituée à la famille qui l'avait eue primitivement en partage.

Les Germains exerçaient leur jeunesse au pillage en dehors des villes.

A Sparte, cité guerrière, la loi ordonnait la destruction des nouveaux-nés chétifs ou difformes ; elle excitait les enfants au vol, pourvu qu'il fût commis avec adresse.

A Rome, la loi donnait au maître droit absolu de vie et de mort sur les esclaves et au mari celui de tuer sa femme pour avoir bu du vin.

Le divorce à volonté est permis dans certains pays ; la polygamie chez les musulmans ; le mariage entre frères et sœurs était toléré en Perse ; la polyandrie ailleurs.

Dans quelques comtés de l'Angleterre, le mari pourrait encore, de par la loi, vendre sa femme, etc.

---

(1) Mœurs et institutions des Indes par l'abbé Dubois, 1825.

Nous ne parlons pas des constitutions qui fixent la forme des gouvernements : ici, démocratie; là, monarchie; ailleurs, aristocratie ou oligarchie. On sait combien elles diffèrent.

Ainsi, la loi civile est changeante, selon les mœurs des peuples et les vues particulières des législateurs. « Vérité en deçà des Pyrénées, erreur au delà », dit Pascal.

III

Leur objet propre et leur caractère.

Remarquons surtout que la loi civile s'adresse aux actes extérieurs, matériellement saisissables. Elle ne peut pas atteindre la pensée cachée dans la conscience.

Il y a plus, un méchant qui, par ruse ou par adresse aura su tourner ou éluder le code, peut être publiquement honoré; et l'on a vu des ambitieux enfreindre violemment les lois de leur pays et lui en imposer d'autres à leur convenance.

Émanant ainsi du pouvoir variable qui a la force en main, les lois civiles peuvent être justes, sages, raisonnables, ou bien injustes, barbares, tyranniques, mal conçues.

IV

Du vote des lois par les majorités.

On a longtemps cherché à obvier à d'aussi

graves inconvénients et bien des systèmes ont été pronés ou appliqués.

Depuis la Révolution, et surtout dans ces dernières années, on a accueilli en France cette idée que la meilleure chance d'avoir de bonnes lois, c'est de les faire délibérer par les élus de la nation tout entière, représentant dans leurs assemblées les lumières, les intérêts, les aspirations, et pour ainsi dire les forces vives de l'ensemble des citoyens.

V

Des erreurs possibles de ce vote.

Ce n'est pas que les votes de la majorité soient toujours l'expression du droit, de la justice et de la sagesse. Les assemblées les plus respectables subissent quelquefois des entraînements fougueux et irréfléchis.

Il se peut donc que les majorités se trompent et

« Qu'un homme seul ait plus de sens
« Qu'une multitude de gens. »

Mais c'est à celui-là de faire prévaloir son avis en éclairant la majorité ; et le devoir de celle-ci est de céder à la raison.

Dans tous les cas, cette loi des majorités est un moyen pacifique de vider les différends, puisqu'il n'y a qu'à compter les voix et que la force est ordinairement du côté du nombre.

Il n'est pas aisé de trouver une balance qui pèse exactement le plus ou moins de prudence, de savoir, de vertu, de moralité. Les difficultés sur ces points pourraient se perpétuer sans fin et rester insolubles. Qui donc cédera le pas ? Faut-il pour cela se battre ? Mais vous êtes quatre, dit Pascal, et je ne suis qu'un ; je serais un sot de ne pas céder ; c'est le moyen de vivre en paix.

Quand tout le monde a tort, disait Mirabeau, tout le monde a raison, et même en ayant raison, on peut avoir tort contre tout le monde(1).

Aristote dit aussi que la loi est l'opinion de la multitude (2) tandis que les Sages parlent d'après la nature et la vérité.

VI

Du droit sens des masses.

Mais indépendamment du fait arithmétique du nombre et de la force, il y a dans les masses comme dans les individus, quand la passion ne les égare pas et que les problèmes sont à leur portée, un sentiment profond d'honnêteté et de droiture, qui garantit de bons jugements.

---

(1) Discours sur l'emprunt Necker, 26 septembre 1789.

(2) Ο μέν νόμος δόξα τῶν πολλῶν ; οι δὲ σοφοὶ κατὰ φύσιν καί κατ ἀληθειαν λέγουσι. (Arist. Critiq. des Sophistes II, chap. 12.)

Tel fut l'exemple que donnèrent un jour les Athéniens. Après l'expulsion des Perses, ils étaient dans la force et le calme de la victoire. Thémistocle leur propose un projet qu'il ne peut divulguer et qui doit assurer leur suprématie sur toute la Grèce. On l'invite à en conférer avec Aristide. Ce projet, dit celui-ci, serait très utile pour nous, mais très injuste. « Qu'il soit rejeté ! » s'écrient aussitôt les Athéniens. Ils proclamaient nettement combien le sentiment de la justice doit primer celui de l'utilité.

C'est encore un hommage qu'on rendait au bon sens public quand on disait à un homme de génie : « Il y a quelqu'un qui a plus d'esprit que vous, c'est tout le monde. » Et un adage, vieux comme la sagesse des nations, déclare que « la voix du peuple est la voix de Dieu », et que « l'opinion est la reine du monde. »

VII

Droits et devoirs primordiaux.

De la loi naturelle antérieure et supérieure à toute loi civile.

Mais enfin, l'opinion, le nombre et la force ne font pas toujours de bonnes lois et ne constituent pas absolument le droit et la justice. Il y a des droits et des devoirs naturels, propres à chaque homme, qui doivent dominer toutes les lois civiles.

Plusieurs de ces droits primordiaux, proclamés solennellement en 1789, rappelés dans la plupart des constitutions et chartes, promulguées depuis, ont été formulés peut-être plus explicitement dans le préambule de la constitution de 1848, œuvre savamment élaborée par les légistes politiques les plus éminents de cette époque.

Cette constitution ayant été déchirée par le coup d'Etat du 2 décembre, les lois organiques qui devaient la compléter n'ont été ni votées ni discutées, et la plupart des problèmes démocratiques se dressent encore devant nos parlements pressants, difficiles, complexes.

L'article VII de ce préambule « reconnaît des droits et des devoirs antérieurs et supérieurs aux lois positives. »

C'est ce qu'on appelle le droit naturel commun à tous les peuples, parce que nous le tenons d'un instinct de la nature et non d'une constitution quelconque : *Jus naturale est commune omnium nationum eo quod instinctu naturæ, non constitutione aliqua habetur* (*Isidorus*).

« Jetez les yeux, dit Rousseau, sur toutes les nations du monde, vous trouverez partout les mêmes idées de justice et d'honnêteté, de bien et de mal. »

« Si les lois romaines, dit Bossuet, ont paru si saintes, que leur majesté subsiste encore malgré la ruine de l'empire, c'est que le bon sens, qui est le maître de la vie humaine, y règne partout, et qu'on ne voit nulle part une plus belle application des lois naturelles. » (Disc. sur l'hist. univ.)

En parlant du droit de légitime défense, Cicéron s'exprime ainsi : Cette loi n'est point écrite, elle est innée; nous ne l'avons pas apprise, nous ne l'avons pas lue, mais elle est gravée dans nos cœurs par la nature (*Non scripta, sed nata lex, quam non didicimus, verum ex naturâ arripuimus (pro Milone, 10)*.

La loi est une émanation de la raison ; *Lex est aliquid rationis*, dit aussi saint Thomas.

VIII

Du devoir d'obéir à la loi.

Il est clair, en effet, que pour qu'une loi mérite obéissance, il faut qu'elle soit raisonnable. A vrai dire, la souveraineté légitime à laquelle nous devrions tous obéir ne réside pas dans un individu ni dans une réunion d'individus, par le fait seul qu'ils disposent de la force matérielle; elle découle de la raison éternelle, qui établit les rapports entre les êtres.

La force peut commander; un brigand au coin d'un bois me demande la bourse, il se peut que par prudence je lui obéisse pour sauver ma vie. Mais l'ordre qu'il m'impose, ne dérivant pas du droit, est une pure violence.

Il en est de même de toutes les lois injustes

et tyranniques, quel qu'en soit l'auteur, peuple ou roi.

C'est donc avec raison qu'on a pu dire dans une tribune française : « Ami de toutes les lois « justes, ennemi de toutes les lois injustes, « je désobéirai à votre loi pour obéir à ma « conscience. »

Mais faut-il à chaque prescription légale en scruter les motifs et refuser l'obéissance, si on ne les voit pas d'une manière claire ?

Non assurément. Tant que nous n'apercevons pas dans la loi une injustice manifeste, nous devons nous en rapporter aux lumières, à l'expérience et à l'autorité des législateurs.

Il est même raisonnable de subir quelquefois des lois arbitraires pour éviter des désordres et des maux plus grands.

IX

De la violation de la loi pour raison d'État

Y a-t-il des cas où il soit permis de violer la loi ?

Dans un incendie, on viole le domicile, on détruit des maisons pour éteindre ou circonscrire le feu. Ainsi, dans de grands périls, on contrevient aux lois ordinaires, suivant le principe que le salut public doit être la loi suprême, *Salus populi suprema lex esto*. C'est sur cette règle qu'est fondée ce qu'on appelle la raison d'État, sous le couvert de laquelle on a souvent commis des actes de la plus haute gravité; objets éternels d'approbations ou de réprobations, selon les circonstances et selon les moralistes.

C'est que trop souvent la raison d'État a servi de prétexte aux plus sinistres méfaits, aux ambitions, aux vengeances et à toutes les fureurs politiques. La plupart des proscriptions se sont parées de ce nom.

Mais la stricte morale ne permet rien, absolument rien contre la justice.

X

Du Machiavélisme.

Ne confondons pas la raison d'État avec le Machiavélisme qui est une théorie de l'art ou science du gouvernement.

Dans son livre du *Prince*, Machiavel a pris à tâche de montrer, par les faits historiques et par le raisonnement, selon quelles règles doit se guider un chef d'État qui veut maintenir et agrandir sa domination. Dans son système on ne tient compte ni de l'honnêteté, ni de la bonne foi, ni de la justice. Guerres, meurtres, perfidies, tous les moyens sont bons, pourvu que le but soit atteint.

Augmenter sa puissance, n'importe comment; voilà l'idéal politique du *Prince*.

Si, dans les affaires privées, on disait à quelqu'un : enrichissez-vous, soyez fripon, voleur, escroc, meurtrier, s'il le faut, pourvu que vous réussissiez : une pareille morale, digne des arrière-fonds du bagne ferait horreur.

Elle a été cependant adoptée dans les affaires politiques par beaucoup d'hommes d'État. L'histoire nous en fournirait des exemples sans fin. Contentons-nous de quelques lieux communs.

C'est par la voie de la trahison et de la violation du droit des gens que les Romains, qui commençaient à dégénérer, se défirent de personnages redoutables, Annibal, Jugurtha, Mithridate.

« Violons la loi, disait César, pourvu que ce soit pour régner. »

« Les femmes, vous n'entendez rien à la politique », répondait le premier Consul à Joséphine, qui voulait l'incliner à la douceur dans une circonstance grave. Et pendant qu'il tramait une tragique vengeance, il débitait des vers de Corneille sur la clémence d'Auguste envers Cinna; qui sait! perplexe lui-même peut-être entre le droit sens de sa femme, et le machiavélisme de ses conseillers.

Cette tendance à tout perpétrer pour arriver à certaines fins politiques faisait dire à un lord anglais, auquel son fils demandait la permission d'aller visiter les différentes cours de l'Europe : Allez, mon fils, allez voir par quels scélérats les hommes sont gouvernés.

Et de fait, elle serait longue la liste des chefs d'État de toute nation et de toute langue qui ont mis dans leur jeu les perfidies les plus noires, les fourberies et les scélératesses les plus insignes.

Mais écoutons le P. Lacordaire. En 1853 (1) en pleine église Saint-Roch, à Paris, il osait dire aux puissants du jour : « Ce qui désho-« nore les ministres, les conquérants, les « fondateurs, c'est de poursuivre un but mal-« gré tous les obstacles et toutes les entraves « de la conscience, et de l'atteindre en dépit « de toute morale et de toute justice.

« Il ne faut pas faire le mal pour que le « bien en sorte, quelques puissantes que soient « les vues, même quand il s'agit de ce qu'on « appelle sauver un pays... Celui qui, pour « atteindre ce but, emploie des moyens misé-« rables, est toujours un misérable. »

XI

Que l'honnêteté doit guider les hommes d'État

Oui, nous devons repousser des théories détestables qu'on met au service de toutes les tyrannies. On ne doit pas violer le droit, même sous prétexte de bien public et de patriotisme.

(1) Corresp. de l'*Observateur Belge*, 12 février.

M. Thiers déclarait, soit à la tribune, soit dans ses écrits, qu'il n'y a pas deux morales, et qu'il faut dans les affaires publiques et les relations d'État à État montrer la même probité, la même justice, la même bonne foi que les honnêtes gens apportent dans les affaires et les relations privées.

« La politique, dit également Bossuet, c'est la morale appliquée au gouvernement des hommes. »

« Mon Dieu, je vous demande de faire des hommes libres, simples et justes », disait Lacordaire dans le discours déjà cité.

L'histoire rappelle encore avec honneur cette maxime d'un roi de France : que « si la bonne foi et la justice étaient bannies du reste de la terre, elle devrait trouver un asile dans le cœur et dans la bouche des rois. »

Enfin, Proudhon lui-même, dans un de ses derniers écrits, dit à l'encontre de théoriciens sans scrupule : « Rien, pas même le salut de la patrie, ne me ferait sacrifier la justice. » (1)

Est-ce à dire qu'il faille être dupe et compter toujours sur la probité du voisin ou de l'adversaire? Non.

L'Évangile recommande de joindre à la simplicité de la colombe la prudence du serpent.

En résumé, la raison, la droiture, la justice

---

(1) Du principe fédératif. P. 170.

naturelle, voilà les guides à suivre, les maîtres qui doivent dicter les lois positives.

Malheur aux nations qui abandonnent ces principes! Si l'histoire nous montre parfois le crime heureux, le plus souvent elle le fait voir suivi de terribles châtiments.

Caton le Censeur, poussant l'amour de sa patrie jusqu'à l'injustice et la perfidie, fit raser le même jour toutes les forteresses de l'Espagne. Contre la foi des traités, il poursuivit avec une féroce obstination la destruction complète de Carthage, afin que la République romaine, désormais sans rivale, dominât à jamais. Il ne fit que préparer la tyrannie cosmopolite des Césars. La République romaine, n'ayant plus ni frein ni contre-poids, périt dans le sang et les folies de ses propres enfants. Peu après, l'austère Caton d'Utique, petit-fils du Censeur, ne voulant pas survivre à la République, s'ouvrait les entrailles sur la terre carthaginoise, à deux pas de la fameuse cité, anéantie par la haine aveugle de son bisaïeul.

Plus tard, Genseric, chef de pirates vandales, partant de Carthage, s'empara de Rome, la pilla pendant quatorze jours et quatorze nuits et rapporta sur ses vaisseaux, à la patrie d'Annibal, les dépouilles de la maîtresse du monde, que ne défendait plus le génie d'un peuple libre.

Ironie de la destinée! Dérision pour la sagesse et la prévoyance humaine! Et combien l'histoire moderne nous fournirait d'enseignements pareils!

XII

Etant admis qu'il y a des droits et des devoirs antérieurs et supérieurs aux lois positives, l'idéal de l'État est de protéger et de favoriser l'exercice de ces droits et l'accomplissement de ces devoirs, en développant la moralité, l'instruction et le bien-être des citoyens.

Entre les institutions afférentes à ce but figurent les suivantes :

Religion, famille, propriété, égalité des citoyens devant la loi, représentation des intérêts de tous dans les Assemblées politiques, liberté du travail, des associations, assistance publique, instruction élémentaire, liberté de l'enseignement, liberté de la presse, liberté des cultes, etc.

Dans ces temps de discussions radicales où tout est remis en question (et nous aurions tort de nous en plaindre, la vérité ne pouvant qu'y gagner), essayons de montrer d'une manière palpable, vulgaire si l'on veut, le faisceau des notions sur lesquelles repose la constitution de la Société.

XIII

Nécessité de la Société civile et des lois qui la règlent.

On ne peut contester que l'homme ne soit né sociable. Ses sentiments, ses instincts, ses besoins, ses intérêts le portent à vivre en compagnie de ses semblables. Enfant, vieillard, malade, il ne peut se passer de secours.

De là découlent pour lui des droits et des devoirs sociaux.

Il est clair que si nous voulons obtenir du voisin protection et assistance, nous devons lui en accorder à notre tour.

« Il se faut entr'aider, c'est la loi de nature. »

Non-seulement chaque citoyen doit avoir l'exercice de sa liberté et de ses droits, limité par les droits et la liberté d'autrui ; mais il doit abandonner quelque chose de son indépendance naturelle pour participer aux bienfaits de la civilisation et sauvegarder sa propre sécurité. En imposant mes convenances au voisin, il me faut subir les siennes ; qui a compagnon a maître.

De là viennent les lois civiles, fruit de l'expérience des nations et du progrès des siècles. Elles nous tiennent liés les uns aux autres par des règles fondées sur les droits respectifs. Elles doivent être obéies de gré ou de force, sous peine de destruction de la Société.

XIV

D'un État sans loi.

On comprend en effet que si chacun se livrait sans frein à ses instincts, la terre se couvrirait de bandits qui se battraient « pour la plus belle femme ou la plus belle poire »; on retournerait à l'état sauvage, et le faible serait la proie du plus fort, du plus rusé ou du plus hardi.

Rappelons-nous en quel état étaient nos contrées il y a trois cents ans. Alors, à la faveur des guerres civiles et étrangères, les montagnes étaient infestées par des « bandoliers » venus un peu de partout, « gens de « sac et de corde, disent nos archives, qui ne « craignent rien de faire, pilleries, larcins, « meurtres, enlèvement de bestiaux et de « personnes, emmenant captifs les habitants, « les enfermant dans des prisons publiques ou « privées, dans des caves, des coffres, des « armoires, les y détenant en extrême dé- « tresse et misère, jusques et tant qu'ils eussent « payé rançon en vendant leur bien... Et ils « ont entre eux une loi; il faut que leurs juges « soient laïcs et illettrés, et du jugement des- « quels il n'y a point d'appel... »

Ainsi ces bandits ne voulaient ni droit écrit, ni légiste, ni même de « loup quelque peu clerc », mais purement l'arbitraire. Voilà l'État anarchique.

Examinons rapidement comment, à ce désordre, on substitue un ordre régulier, légitime, et quels sont les droits naturels à sauvegarder d'après nos récentes constitutions.

DEUXIÈME PARTIE

SUR LES LOIS CONSTITUTIVES DE LA SOCIÉTÉ

XV

Liberté personnelle.

Égalité devant la loi ; inviolabilité des personnes et du domicile.

Tous les hommes sont d'égale nature, comme le prouvent les unions fécondes entre les diverses races de l'espèce humaine.

Dès lors tous les hommes doivent être égaux devant la loi civile , et aucun ne tient de sa nature le droit de s'approprier un autre homme à titre d'esclave.

Chacun au contraire doit avoir la libre disposition de ses actes. C'est un des premiers points du droit public moderne.

Pourquoi ce droit a-t-il été si longtemps méconnu ?

D'où vient l'esclavage légal , dans lequel un homme est regardé , non comme une personne, mais comme la chose d'un autre homme ?

Si l'on considère la barbarie primitive , on est forcé de convenir que la réduction d'un peuple à l'esclavage était parfois une douceur apportée aux habitudes de la guerre, qui exterminait les ennemis jusqu'au dernier ; pratique fréquente chez les anciens , et parfois reprise par les modernes. Epargne-moi , disait le vaincu, couché sous le glaive du vainqueur, je te servirai comme esclave.

Les violences les plus graves étaient exercées sur les personnes. Crever les yeux, couper le nez, les lèvres, les oreilles, etc. n'étaient pas des punitions rares.

César eut avis qu'une ville gauloise méditait une révolte. Il fit appeler trois ou quatre cents de ses jeunes gens et les renvoya après leur avoir fait couper le bras droit.

On marquait souvent les esclaves à la face avec le fer ou le feu pour les punir ou les reconnaître en cas d'évasion.

Un décret de l'Église proscrivit ces sévices, « attendu qu'on ne doit pas dégrader dans l'homme l'image de Dieu. »

Les mutilations légales ne sont plus admises chez les peuples civilisés.

L'inviolabilité de la personne entraîne l'inviolabilité du domicile.

« Que chaque habitant soit en franchise et « sûreté dans son hostal et cortieu » (cour attenant au domicile), disent nos anciennes franchises.

XVI

De la propriété.

A côté de la liberté personnelle se range le droit de propriété. Droit de propriété

Un des désirs les plus naturels à l'homme est celui de posséder. « Ce chien est à moi ; voilà ma place au soleil, disaient ces pauvres enfants. » Telle est, selon Pascal, « le commencement et l'image de l'usurpation de toute la terre. »

Posséder, c'est être assis en maître (*pot* ou *potens sedere*).

La propriété est une garantie de l'indépendance personnelle.

Nous voulons avoir assuré le pain du jour et celui du lendemain.

On désire asseoir aussi l'avenir de ses enfants.

Chez les païens, le dieu Terme passait pour le plus ancien des dieux ; c'est-à-dire que dès l'origine des sociétés le respect de la propriété individuelle était regardé comme la première des institutions sacrées.

Aujourd'hui encore la qualification de voleur est une des plus odieuses.

XVII

Ses abus possibles.

Mais le droit de propriété ne peut-il pas avoir ses abus ?

L'absorption à la longue de la masse entière des biens fonds par quelques familles n'est-elle pas un danger ?

Chez des nations, dit Chateaubriand, où les uns possèdent plusieurs millions de revenus, tandis que d'autres naissent, vivent et meurent sur le fumier, une révolution sociale n'est-elle pas inévitable ?

Nous répondrons : Nous n'avons pas à réformer ce qui se passe à l'étranger. Mais en France le législateur a considéré la propriété essentiellement comme un objet de commerce.

Il a supprimé (à quelques exceptions près indispensables aux services publics) les biens de *mainmorte* qui immobilisaient les propriétés dans la même famille ou institution à perpétuité. On peut aujourd'hui tout aliéner en suivant les formes légales.

La suppression des droits d'aînesse et des majorats, la divisibilité des successions entre frères ; la réduction du droit de tester ; les aggravations des droits de succession et des impôts publics sous toutes les formes ; les frais d'exploitation et l'accroissement des prix de main-d'œuvre ; l'inconduite des uns ; les fausses spéculations des autres ; l'âpreté de la plupart des citoyens à chercher le gain par le travail et le savoir, sont autant de circonstances qui poussent incessamment la roue de la fortune de haut en bas et de bas en haut ; en sorte que les écarts excessifs ou abusifs de la propriété sont corrigés sans cesse et qu'il n'y a point à faire à cet égard de nouvelle révolution sociale.

XVIII

Conviendrait-il que toutes les propriétés fussent absorbées par l'État ?

M. Sauzet, président de la Chambre des députés sous Louis-Philippe, rapporte que Napoléon III, au début de son règne, émit une proposition qui fut repoussée par ses conseillers : c'était d'abolir tous les impôts et d'y suppléer en faisant entrer l'État pour une part d'enfant dans toutes les successions.

En adoptant cette théorie, l'État n'aurait pas tardé à devenir l'unique propriétaire du sol, et les français, de simples fermiers, sous la direction suprême du chef de l'État.

Dans ce système, personne ne possédant rien en propre, tout serait réglé à peu près comme dans un régiment ou dans une manufacture.

L'organisation de cette immense ruche d'abeilles est-elle désirable? Admettons-en la possibilité.

Évidemment l'initiative individuelle y serait assujettie aux contrôleurs de l'État omnipotent; les citoyens libres deviendraient des fonctionnaires rivés au pouvoir par la chaîne la plus forte: la nécessité de recevoir le pain de chaque jour.

A la faveur du servage universel, l'État autocrate finirait par s'incarner dans un César quelconque, dont chacun porterait la livrée. Canons et houlettes, tout lui appartiendrait ;

tout, comme dans la prophétie de l'Apocalypse, serait marqué du signe de la *Béte.*

Le despote tiendrait les liens de la servitude générale au moyen des faveurs et des disgrâces.

Les opinions de chaque employé et les propos de sa famille seraient scrutés et dénoncés; les mots gratification, avancement, déplacement, révocation sonneraient aussi haut dans la bouche du chef que dans le cœur et la bourse des fonctionnaires, qui attendraient tout de lui.

L'État deviendrait tyrannique s'il enchaînait à ce point la liberté des citoyens. Il doit laisser chacun déployer ses talents, dans les charmes de l'indépendance tant qu'il ne nuit au droit de personne.

XIX

De la famille.

Les sentiments qui portent l'homme à se constituer en famille ne sont pas moins naturels que les précédents ; ils forment un des plus puissants leviers des actions humaines.

On a calculé qu'il existe à peu près autant de garçons que de filles ; car s'il naît d'abord plus de garçons, leur vie plus aventureuse ne tarde pas à rétablir l'équilibre.

Mais si un homme prenait, par exemple, à lui seul six femmes, il empêcherait cinq autres unions.

La monogamie est donc l'état le plus naturel

et le plus favorable à la propagation des familles.

Les unions temporaires et les divorces à volonté engendreraient de graves désordres et ne seraient qu'une promiscuité plus ou moins réglementée.

Or, d'après Horace, un des premiers pas qu'Orphée fit faire aux sauvages habitants de la Grèce pour les tirer des forêts où ils vivaient d'aliments abjects et de meurtres *(cædibus et victu fœdo)*, fut de les faire renoncer à la promiscuité et d'instituer le mariage.

Connubio prohibere vago et dare jura maritis.

Des bacchantes mirent en pièces ce premier législateur des Grecs pour le punir d'avoir été l'instituteur et le modèle de la fidélité conjugale.

Homère a immortalisé la chasteté, la prudence et la fidélité de Pénélope résistant aux obsessions de ses poursuivants.

Ainsi les anciens appréciaient la valeur de la continence ; ils ont vanté celle de Thalès, de Platon, d'Épicure, d'Alexandre (à ses débuts), de Scipion. Celle d'Annibal était telle que de tant de belles captives, que le sort des armes fit tomber en ses mains, aucune ne put le séduire, en sorte, dit Florus, qu'on n'eût jamais cru qu'il était de sang africain.

On comprend que certains travaux, préoccupations ou passions absorbantes laissent peu de place à la galanterie.

D'accord avec la loi naturelle, l'Église n'admet pas la polygamie. Sa sévérité, en matière de mariage et de continence, éloigne de ses lois bien du monde, et lui a suscité, en diverses circonstances, de grands embarras.

Mais en proclamant les mérites de la continence, l'Église déclare qu'il vaut mieux « se marier que brûler. »

De son côté, Proudhon, d'accord avec l'Église, dit que « l'amour, quand il n'est pas l'esclave du droit, est le poison des âmes et le dévastateur de la société. » (1)

Cet écrivain s'élève avec force contre le malthusianisme qui tend à rendre les unions stériles.

Ceux qui par spéculation restreignent les naissances, oublient que la terre n'appartient qu'aux vivants et que c'est au peuple le plus laborieux, le plus moral et le plus nombreux qu'est réservé l'avenir.

Le soin de l'indépendance personnelle, les soucis de la propriété et ceux de la famille tiennent un des premiers rangs dans les occupations courantes de la vie ; ils sont un des plus puissants mobiles de nos actions et constituent le fond, le nerf et l'essence même de nos institutions sociales.

Notre code civil n'est guère que le dévelop-

(1) De la justice dans la Révolution et dans l'Église. T. I, page 33.

pement des lois des anciens sur ces trois points :

1° Liberté personnelle ;

2° Propriété ;

3° Famille ;

modifiés d'après les mœurs et les principes politiques modernes.

Le peuple français a toléré divers changements de gouvernement qui portaient de graves atteintes aux libertés publiques, parce qu'on a, du moins, respecté les progrès introduits dans le code civil.

XX

Du travail.

Aptitudes diverses

La terre, abandonnée à elle-même, ne produirait que des plantes et des fruits sauvages insuffisants pour les besoins des populations.

C'est à la sueur de son front que l'homme la rend féconde.

Les arts les plus indispensables à la Société obligent également aux plus laborieux efforts.

A qui doivent incomber ces labeurs infinis ?

Les hommes ont des aptitudes diverses, qui se développent sous l'influence de leur volonté et des circonstances.

On en voit d'actifs et de paresseux, de vertueux et de vicieux, de capables et d'ineptes, d'avares et de prodigues, d'ambitieux et d'insouciants ; il y en a d'aptes à tout, qui, par apathie, ne sont propres à rien ; d'autres qui passent de l'action au repos le plus complet et réciproquement. Il y a des impotents, vieillards, femmes, enfants, malades ou infirmes. Comment mettre de l'ordre dans ce chaos de volontés et de besoins? Comment répartir équitablement le travail?

Soumettre tant de monde aux mêmes règles disciplinaires, comme voudraient certains esprits systématiques, est impossible.

Si l'État assignait à chacun sa fonction fixe, il substituerait à la liberté et à l'initiative privée l'universelle servitude, distribuant les faveurs et les disgrâces souvent les plus imméritées et les plus capricieuses.

On sait avec quelle nonchalance on remplit une tâche commune, quand l'aiguillon de l'intérêt privé ne stimule pas le travailleur. Les ateliers de charité et les prestations des chemins vicinaux en fournissent la preuve. Le travail se fait mollement, quand le profit revient à tout le monde et à personne en particulier. Le chien qui porte au cou le dîner de son maître, après l'avoir un peu défendu, finit par en prendre sa part en compagnie des pillards.

Il faut tenir compte de ces dispositions instinctives de la nature et prendre la Société au point où elle en est, en tâchant de l'améliorer au lieu de la refondre à neuf dans un moule utopique.

XXI

De l'obligation du travail.

En général, on aimerait assez à passer son temps à jouir et à ne rien faire.

Qu'est-ce qui peut contraindre au travail, à la peine ?

Les motifs en sont divers. En voici quelques-uns :

Le désir de se procurer une honnête aisance, du pain et du repos pour ses vieux jours ; le soin d'une famille ; quelquefois l'ambition et la fureur d'accumuler ; souvent un besoin inné d'activité. Travaillons (*laboremus*), disait le vieil et avare Vespasien, aux assistants qui attendaient son dernier soupir.

Mais surtout il y a eu toujours et il y aura à perpétuité un maître implacable : c'est le besoin de vivre, c'est-à-dire de se nourrir, de se vêtir, de s'abriter ; en un mot, la nécessité de pourvoir à sa subsistance. La pauvreté, le dénument, la faim : voilà le plus universel des incitants. Et comme le démontre plaisamment Aristophane, dans une de ses comédies (car ces questions ont été agitées de tout temps), c'est la pauvreté bien plus que la richesse qui fait marcher le monde.

« Le peuple, disait en 1831, un orateur politique, produit des richesses quand il travaille, des émeutes quand il a faim. »

On sait les embarras que créent les grands bouleversements physiques ou politiques (stérilité par inondation ou sècheresse, dévastation par les incendies, licenciement des grosses armées, lendemains des grandes journées révolutionnaires), quand des masses d'hommes errent inoccupés sans moyens d'existence.

Dès lors, un des plus grands soucis de l'État doit être d'écarter cette faim, mauvaise conseillère, et d'améliorer le bien-être des masses dans la limite du possible. Problème grave, complexe, qu'invitent à résoudre à la fois la sécurité publique et les sentiments d'humanité.

Est-ce à dire qu'il faille épuiser les trésors de l'État pour donner au peuple, comme autrefois aux romains dégénérés, du pain et des spectacles? Non; mais tout en respectant les droits et la liberté de chacun, l'État doit aviser à ce que les citoyens puissent vivre d'un travail utile et rémunérateur; c'est un des meilleurs moyens de moralisation.

L'activité laborieuse, quand elle n'excède pas les forces, ennoblit la vie et développe les plus belles facultés.

« Le travail aux hommes nécessaire
« Fait leur félicité plutôt que leur misère. »

XXII

De la diversité des travaux.

Dissipons seulement un malentendu.

Il y a divers genres de professions et d'emplois également louables. Ce serait une grossière erreur de croire que le travail manuel est le plus dur ; le travail mental l'est souvent davantage. Le général qui combine sa tactique dans un repos apparent est autrement occupé que le soldat qui frappe les coups.

Les artisans dont les mains calleuses manient la charrue ou le marteau ont droit à l'estime publique ; mais y ont-ils un droit moindre ceux qui, après vingt ans passés dans les rigueurs des écoles, calculent des combinaisons industrielles, commerciales ou financières, agitent des problèmes de sciences et d'arts et n'ont de désœuvré que l'apparence ?

Respectons donc tous les travailleurs ; tous ont leur genre d'utilité ; ainsi que les ouvriers, les capitalistes ont leur rôle social, puisque leurs trésors concourent à développer l'activité publique.

Il y en a qui tiennent en défaveur les arts serviles. Il serait bon de détruire ce préjugé. Sans aller chercher les exemples des Romains, qu'on tirait de la charrue pour en faire des dictateurs et des consuls, nous pourrions citer de nos jours des hommes d'État du premier mérite qui ne dédaignent pas de travailler de leurs mains.

A une époque où tout artisan doit savoir lire

et écrire, il serait aussi prudent qu'hygiénique pour tout le monde de s'exercer à un art manuel, soit aux champs, soit à la ville.

« Travaillez, prenez de la peine,
« C'est le fond qui manque le moins. »

dit Lafontaine, et ailleurs :

« La main est le plus sûr et le plus prompt secours. »

Cette nécessité du travail a été sentie et proclamée de toutes les manières et dans tous les temps.

Chez les Égyptiens une loi d'Amasis punissait de mort ceux qui ne pouvaient prouver que leurs moyens d'existence étaient honnêtes. L'Église met la paresse au nombre des péchés capitaux. La Bible nous montre Dieu choisissant les chefs de son peuple parmi les hommes des champs : Gédéon battant le blé; Saül cherchant les ânesses de son père; David gardant les troupeaux.

« Paresseux, dit encore la Bible, allez à la fourmi. » Et notre grand fabuliste met en scène la prudence et la rusticité laborieuse de cet industrieux insecte qu'il oppose à l'insouciance artistique de la cigale et au parasitisme de la mouche.

XXIII

Du travail prétendu improductif.

Aristote, dominé par les pratiques de son

temps, pensait qu'il est nécessaire que les cultivateurs soient esclaves ou barbares ou étrangers ou valets (1).

Il estimait que dans une Société bien organisée les agriculteurs, les artisans, les marchands ne sauraient avoir des droits civiques parce qu'ils n'ont pas de loisirs.

Les opinions ont bien changé depuis Aristote. Les divisions de castes ont disparu, les couches sociales se sont fondues entr'elles, et à la place des classes exclusivement dirigeantes par droit de naissance, on a mis les valeurs personnelles.

Il y a des socialistes qui, à l'inverse d'Aristote, regardent comme parasites les arts libéraux, et tous ceux qui ne rapportent pas un profit évident.

« La terre, disent-ils, devrait n'être qu'un vaste champ de navets et de choux et tous les citoyens agriculteurs. »

Sans doute, il faut vivre d'abord et philosopher ensuite.

Mais l'homme ne vit pas seulement de pain; il y a un côté savant et artistique qu'il faut permettre de cultiver à ceux qui en ont le goût et le temps, à leurs risques et périls.

Que de découvertes des plus précieuses pour

---

(1) ἀναγχαῖον εἶναι τούς γεωργοῦς δουλοῦς, ἢ βαρβαροῦς, ἢ περιοιχοῦς. — Politiq. LVIII, ch. 9.

l'humanité sont sorties des mains de prétendus oisifs !

Des enfants s'amusent à regarder à travers deux verres le coq du clocher de leur village, et inventent les lunettes d'approche.

Un mathématicien se plaît à chercher les propriétés de l'arrangement de certains chiffres et découvre les calculs logarithmiques.

La science pure n'a pour objet que de connaître ; elle ne se propose rien de pratique. Mais telle est la puissance de sa lumière que les déductions pratiques en découlent en foule.

C'est que tout se tient dans la nature ; une vérité, un art conduit à un autre, auquel on ne s'attendait pas.

Soyons donc indulgents pour les talents et les travaux de tout genre.

Bien des hommes, martyrs d'une idée, consacrent leur fortune et leur vie à des recherches qui ne leur serviront personnellement à rien, mais qui profiteront à l'humanité.

Laissons un Jacquart se livrer à ses rêveries de mécanicien, qui en définitive ont transformé l'industrie du tissage. Tolérons certains désœuvrements, comme certaines ambitions.

Ajoutons qu'il faut au travail un peu de rémission, et à l'ouvrier un temps de repos.

Si un homme, après de longues années d'un

travail fructueux, désire se retirer des affaires et passer dans la tranquillité le reste de sa vie, qui peut y trouver à redire ?

Un autre, au contraire, possède une riche industrie; il persiste à accroître sa fortune et à travailler comme s'il n'avait rien acquis. Il emploie, dans l'exploitation qu'il dirige, de nombreux ouvriers qu'il rétribue convenablement; il est pour eux une vraie providence; qui peut blâmer son activité ?

Le parasite est ce paresseux qui, pouvant travailler et ne voulant rien faire, vit des sueurs de sa femme ou de ses frères.

Quelquefois, l'instinct du travail attend pour se développer des circonstances favorables.

Volney disait avoir connu en Corse une famille assez nombreuse. L'aîné des enfants s'occupait volontiers du transport des sacs au moulin. Mais on ne pouvait rien tirer du second frère, devenu si fameux, et qui alors restait couché tout le jour le ventre au soleil. Aurait-on cru qu'en cet enfant morose et taciturne se cachait « le plus puissant souffle « de vie qui ait jamais agité l'argile humaine ?

En résumé, d'un côté, l'État doit tâcher d'ouvrir grandement à tous la carrière du travail, donnant aux énergies privées la facilité de se développer; et laissant à la nécessité de vivre le soin de contraindre les paresseux.

D'un autre côté, chacun de nous, homme ou femme, riche ou pauvre, maître ou serviteur, rentier ou prolétaire, ouvrier, etc.; tous en un mot, tant que nous sommes valides, nous devons nous considérer comme astreints à la loi du travail.

A la fin de chaque journée, nous devons pouvoir nous dire : j'ai rempli une tâche utile, j'ai accompli mon devoir.

XXIV

Associations.

Congrégations.
—
Sociétés secrètes.

Le droit d'association s'exerce sous des formes qui varient à l'infini, depuis la réunion de deux ouvriers pour mouvoir une pierre, ou pour scier un arbre, jusqu'aux plus vastes compagnies et aux plus grandes armées. La commune, le canton, le département, une nation n'est elle-même qu'une immense association (1).

En général les Gouvernements autoritaires et despotiques sont peu sympathiques aux réunions et aux assemblées délibérantes.

Les Gouvernements démocratiques au contraire favorisent la libre expansion des idées et la coalition des forces.

(1) Remarquons à cette occasion que la Constitution de 1848 nous avait promis l'établissement de Conseils

On sait que les associations sont innombrables. Elles peuvent avoir un but agricole, industriel, financier, commercial, scientifique, artistique, religieux, charitable, politique, etc.

La puissance des associations et des comités ne consiste pas seulement dans la somme des unités coalisées. Elle provient en outre de la direction que l'on donne à cet ensemble.

Il en est des associations comme du coin

cantonaux et l'organisation des cantons. (Articles 77 et 78.)

Dans l'armée, les unités tactiques sont la compagnie, le bataillon, le régiment, chacun composé à peu près d'un nombre égal d'individus.

Dans l'administration civile, la première unité, c'est la commune. Mais quelle disproportion entre certaines communes qui n'ont que sept à huit feux, et d'autres qui comptent leurs habitants par centaines de mille !

Par l'organisation des cantons, on établirait de véritables unités administratives et politiques importantes, rationnelles ; sortes de petites républiques, qui, au sein de la grande, en constitueraient les premières assises. On devrait y distinguer comme dans l'État : le pouvoir délibérant (conseil cantonal), le pouvoir exécutif (maire ou syndic), et le pouvoir judiciaire (juge de paix). Il faudrait aussi un budget cantonal, l'argent étant le nerf de l'action des assemblées comme des individus. Sinon le canton, n'émettant que des vœux, serait un être purement platonique.

ou du levier en physique ; elles concentrent la somme des forces sur un point déterminé, en vue d'un résultat à obtenir.

Mais cette faculté de coaliser et de coordonner les efforts individuels peut avoir ses dangers.

Aucun Gouvernement ne peut tolérer des associations de malfaiteurs ou de conspirateurs.

Si, par exemple, renouvelant ce qu'on raconte du *Vieux de la Montagne*, il se formait des sociétés enlevant aux affidés leur liberté morale qui est un droit naturel, inaliénable ; si ces affidés devaient abdiquer leur libre arbitre entre les mains d'un chef dont ils deviendraient les sectaires et les séïdes, évidemment une pareille association serait immorale, dangereuse et intolérable.

L'État donc ne peut s'empêcher d'avoir l'œil ouvert sur les abus qui peuvent s'introduire au sein de ces réunions, en leur laissant toute liberté, tant qu'elles ne blessent ni la justice, ni l'honnêteté, ni son propre droit. D'où la nécessité pour lui de connaître leur but et leurs règlements.

Sous nos anciens rois, les statuts des congrégations religieuses devaient être autorisés « par lettres patentes légitimement enregistrées... » Ce qui a été ainsi établi, dit d'Héricourt (1), pour conserver les droits du roi

(1) Lois ecclésiastiques de France. A. p. 72

sous la protection duquel sont tous les ordres religieux, et afin qu'on ne puisse rien insérer, dans les nouveaux règlements contre le bien de l'État et contre les libertés de l'Église gallicane. »

Ajoutons que les corporations religieuses possédant au temporel des propriétés considérables, l'État ne pouvait pas se désintéresser de ces établissements.

Quant aux sociétés secrètes, elles jouèrent déjà dans l'antiquité un rôle important.

Les prêtres égyptiens, chaldéens, gaulois, tenaient des assemblées d'où les profanes étaient exclus. Les mystères de Cérès ou d'Eleusis, ceux de Cybèle ou de la *Bonne Déesse (Elusina, Megalesia)*, étaient célèbres et d'une morale douteuse. Le sage Socrate refusa de s'y faire initier.

Les premiers chrétiens persécutés se réunissaient secrètement dans les catacombes.

Le public trompé leur imputait d'y manger la chair et d'y boire le sang d'un enfant vivant. (Allusions aux pratiques Eucharistiques.) De là venait en partie l'horreur qu'inspirait cette secte réputée malfaisante.

Au moyen âge il y eut des corporations fameuses : les *Rose-Croix*, la *Sainte-Wehme*, etc. Le violateur des secrets de cette dernière étaient punis de peines terribles : on devait lui arracher la langue par la nuque (1).

Chaque profession, chaque métier avait sa corporation et ses intolérances.

Toutes furent abolies par la Révolution française.

Dans les temps de tyrannique ignorance on comprend que certaines vérités soient contraintes de se cacher. Mais aux époques de libres discussions, ces réunions ténébreuses n'ont plus les mêmes raisons d'être. On disserte en plein jour. Quand la lumière du soleil éclaire la terre on n'a que faire de lanternes sourdes.

La Constitution de 1848 pose les principes qui doivent régir les réunions et les associations, quand elle dit : « Les citoyens ont le droit « de s'associer, de s'assembler paisiblement et « sans armes, de pétitionner, de manifester « leurs pensées par la voie de la presse ou « autrement. L'exercice de ces droits n'a pour « limites que les droits ou la liberté d'autrui « et la sécurité publique. »

XXV

Assistance publique.

Le code civil n'oblige qu'à ne pas nuire à autrui et à faire à chacun strictement son droit. Mais

« Qui n'est que juste est dur. »

(1) Les crimes et les peines par J. Loiseleur, 161.

Or, il y a souvent des malheurs immérités; des familles que la perte du chef réduit à la misère; des hommes laborieux que la maladie, les infirmités, la vieillesse. mettent dans la plus grande détresse; il survient des famines, des pestes, des inondations. Il y a d'ailleurs pour chaque homme les tristesses de la fin.

Chez certaines peuplades sauvages on met à mort et même on mange les personnes avancées en âge et réputées inutiles. Les Romains se débarrassaient des esclaves et des pauvres incurables en les expédiant dans des îles où, abandonnés de tous, ils attendaient que la mort terminât leurs souffrances.

Dans nos campagnes, les malheureux invalides, souvent après une vie de labeurs, meurent dans des étables, dans de misérables réduits ou même sur les voies publiques, privés de toute ressource et de tout secours. Les communes rurales n'ont ni hôpitaux pour les recevoir, ni bureaux de bienfaisance assez riches, ni fonds municipaux suffisants.

Ne devrait-on pas au plus tôt se préoccuper de cette situation ?

« La République, dit la Constitution de 1848,
« doit, par une assistance fraternelle, assurer
« l'existence des sujets nécessiteux, soit en
« leur procurant du travail dans les limites
« de ses ressources, soit en donnant, à défaut

« de la famille, les secours à ceux qui sont « hors d'état de travailler. » (1)

Qu'a-t-on fait depuis 1848 en faveur des nécessiteux ? Où en est cette loi sur l'assistance publique depuis si longtemps promise et jamais mise à l'ordre du jour ?

Et les personnes valides ont-elles toujours faciles les moyens de subsister ? En hiver surtout, ne voit-on pas des bandes d'émigrants cherchant du travail et du pain sans être sûrs d'en trouver ?

L'État s'est-il toujours suffisamment préoccupé de ces graves questions ?

A la place de beaucoup de débats stériles il serait mieux de résoudre un premier problème, celui d'assurer autant que possible des moyens d'existence aux citoyens, par le développement des travaux publics et privés.

XXVI

De l'enseignement.

Savoir c'est pouvoir dit Bacon.

Obligatoire et gratuit.

Nous sommes à côté de voisins puissants chez lesquels l'instruction primaire est obligatoire. Elle doit l'être également chez nous, si nous ne voulons pas leur être inférieurs et devenir leur proie. D'ailleurs la généralisation du service militaire et l'exercice du suffrage

---

(1) (Voir Constitut. de 1848, art. 13).

universel rendent indispensable l'instruction élémentaire. Il n'est pas aisé d'apprendre la théorie du fantassin ou du cavalier si l'on ne sait pas lire. Et comment voter avec une complète indépendance, si l'on ne peut au besoin écrire son bulletin.

Mais si l'instruction est obligatoire pour tous, l'État est tenu d'aviser à ce qu'elle soit gratuitement donnée dans toutes les communes. Nos Constitutions avaient reconnu cette nécessité, imitant en cela quelques nations de l'antiquité, chez lesquelles l'État, dit Bossuet « prenait l'enfant des mains des parents pour « l'élever dans les écoles publiques et lui ap« prendre l'amour de la patrie et des lois. »

Chez les Grecs, ajoute-t-il « les enfants apprenaient dès le berceau à regarder la patrie « comme une mère commune, à qui ils appar« tenaient bien plus qu'à leurs parents. »

La Constitution de 1848 (art. 13) consacre la gratuité de l'enseignement primaire, elle veut (art. 7) « que la République mette à la portée de chacun l'instruction indispensable à tous les hommes. »

De louables efforts ont été faits dans ce but. Mais nous sommes loin de l'avoir atteint.

Outre l'instruction élémentaire, l'État doit tâcher d'élever de plus en plus le niveau de l'instruction de la jeunesse et de développer les talents cachés.

Sous Cavaignac, le ministre de la guerre, Lamoricière, déposa un projet de loi pour la gratuité de l'école polytechnique, mesure qui en entraînait bien d'autres.

Quand verrons-nous se réaliser les espérances de 1848 ?

Combien d'hommes qui, faute de moyens de s'instruire, sont morts sans avoir déployé les dons qu'ils tenaient de la nature et qui auraient honoré leur pays !

C'est un des premiers devoirs de l'État, non-seulement de répandre lui-même les lumières à profusion par un enseignement officiel, mais encore d'encourager tous les efforts privés qui peuvent concourir à un si noble but.

XXVII

Enseignement privé.

Jusqu'à quel point doit-on laisser libre l'enseignement privé ?

En principe, il semble que cette liberté devrait être absolue comme celle de marcher ou de parler. Pourquoi empêcher quelqu'un de communiquer son savoir à un autre ?

Mais il s'agit ici de nos enfants, de leur éducation et de l'avenir de la patrie.

De même que l'administration a le devoir de surveiller chez le boulanger la bonne qualité du pain ; ainsi pour l'instruction, qui doit former de jeunes cœurs et des intelligences naissantes, il faut une vigilance, une réserve et une circonspection particulières.

Aussi la Constitution de 1848, en déclarant que « l'enseignement est libre », a soin d'ajouter « sous les conditions de moralité et de capacité déterminées par les lois et sous la surveillance de l'État. »

« Cette surveillance s'étend à tous les établissements d'éducation et d'enseignement sans aucune exception. »

Oui, l'enseignement doit être libre à tous les degrés.

Cette Constitution a supprimé l'obligation de produire un certificat d'études dans un établissement de l'Université; obligation despotique, instituée en 1806 par le premier empire et maintenue par les gouvernements des deux branches des Bourbons, en vue peut-être de barrer le passage vers les carrières libérales déjà trop encombrées.

Sans ce certificat, nul n'était admis à se présenter aux examens du baccalauréat. C'est là ce qui constituait le monopole universitaire.

Il était à peine mitigé par la faculté de produire une attestation d'études privées domestiques. Mais cette attestation étant sujette à contrôle, des jeunes gens qui avaient acquis, hors de chez eux, les connaissances voulues, se voyaient interdire l'enceinte des examens faute de ce malencontreux certificat.

En bonne justice, que doit-on demander au candidat? Simplement qu'il ait l'instruction requise. Toute autre exigence est anti-libérale ou superflue.

Cependant, rétrogradant vers les traditions despotiques, on parle encore de repousser des examens du baccalauréat ou même des fonctions publiques quiconque n'aura pas accompli trois années d'études dans un établissement universitaire ou dans une école libre équivalente?

Ainsi tant d'esprits éminents qui n'ont pas été cultivés dans les collèges : savants, poètes, philosophes, littérateurs de tout ordre :

Montaigne, J.-J. Rousseau, Gilbert, Millevoie, Béranger et tant d'autres seraient exclus des fonctions publiques? tandis qu'une foule de médiocrités, qui forment partout les deux tiers des classes pédagogiques, auraient le droit d'aspirer à tout par le seul fait d'avoir passé trois années dans les écoles officielles!

Écoutez les vives récriminations d'un journal:

« Vous vous appelez Pascal, vous êtes le plus grand mathématicien du siècle; on vous élèvera des statues après la mort... et parce que cette science vous l'avez apprise seul, on repoussera vos services! »

Ainsi, continue le *Mot d'ordre*, « vous, père
« de famille, qui avez la possibilité et le bon
« sens de faire élever votre fils à la maison,

« ce qui est encore le seul moyen de le bien « élever, vous saurez que votre fils, si su- « périeur qu'il soit, n'arrivera jamais à rien. « Ainsi, vous, pauvre ouvrier, qui vous ins- « truisez le soir à la lueur de la chandelle, « vous avez beau devenir plus savant que la « plupart des bourgeois, toutes les portes de « toutes les carrières vous seront fermées, parce « que vos parents n'auront pas été assez riches « pour vous faire donner une instruction es- « tampillée ! »

Nous ajouterons, sans avoir peur des mots : que ferez-vous des élèves des petits séminaires qui, par leur bas prix, sont le refuge assez commun des enfants studieux sans fortune ? Si quelques talents surgissent de là comme d'ailleurs, faudra-t-il les repousser ? Et Bossuet et Fénelon, qui ont illustré la langue, la science et la patrie française, ne pourraient pas être bacheliers ! Le cardinal de Richelieu, le plus habile politique de son temps, n'aurait pas le droit d'être auditeur au Conseil d'État !

Et combien n'y a-t-il pas dans certains départements aussi riches en hommes que pauvres en argent ; combien n'y a-t-il pas d'excellentes têtes, bien meublées : avocats, magistrats et autres fonctionnaires, vrais et sincères républicains d'ailleurs, qui seraient en peine de produire un certificat de trois années d'études universitaires ?

La République ne doit pas avoir des idées aussi étroites. Non-seulement l'enseignement officiel doit être largement et généreusement distribué, mais on doit favoriser tous les efforts privés qui tendent à augmenter le faisceau des lumières nationales.

Mais qui doit conférer les grades de bachelier, de licencié, de docteur, les brevets d'instituteur, d'agrégé, etc. ?

On ne peut permettre au premier venu d'exercer la profession de capitaine au long cours, de médecin, d'avocat, d'instituteur public sans savoir s'il est apte à ces fonctions. La vie des citoyens, leur santé, leur fortune, l'éducation des enfants seraient livrées au hasard. Et puisque les diplômes donnent des droits et des privilèges dans l'État, c'est à celui-ci à garantir au public la capacité des titulaires et dès lors à constater leur aptitude.

XXVIII

Il y a des personnes qui réclament à grands cris que l'enseignement soit laïque. **Laïque, religieux.**

Et d'abord que faut-il entendre par ce mot?

S'applique-t-il aux professeurs? Et veut-on dire qu'un citoyen sera déclaré indigne d'enseigner parce qu'il porte un habit religieux, eût-il d'ailleurs tous les grades et diplômes voulus?

Cette prétention serait inadmissible ; elle violerait le principe de l'égalité des citoyens devant la loi.

Veut-on dire que l'enseignement, donné par l'Etat, doit porter exclusivement sur des matières laïques ?

Mais à part la théologie, toutes les sciences ne sont-elles pas laïques ? Il n'y a pas une géométrie, une chimie protestante, ou juive, ou musulmane, ou catholique. Un maître qui, à propos de calcul, ferait de la théologie, serait ridicule.

Veut-on dire que tout enseignement religieux doit être banni des écoles officielles ?

Ce serait encore une énormité. L'école est mandataire des pères de famille. Et si ceux-ci considèrent comme un devoir de faire donner à leurs enfants l'instruction religieuse, ce serait porter atteinte à la liberté de conscience que de ne pas satisfaire à leur désir.

Que certaines personnes repoussent pour leur propre compte l'idée religieuse : c'est leur affaire.

Mais si leurs concitoyens ont d'autres convictions, il faut les respecter ; c'est un droit des plus légitimes et des plus sacrés.

Qui donnera dans les écoles l'enseignement religieux ? L'État doit y aviser ,d'accord avec les parents.

Il faut pour ce genre d'instruction un professeur qui ait capacité et autorité. Évidemment, c'est surtout aux ministres des divers cultes que devrait incomber cette tâche délicate. Mais enfin il importe assez peu que le maître soit laïque ou membre du clergé, pourvu que l'enseignement soit conforme aux principes du culte qu'il a mission d'enseigner.

On comprend, par exemple, que si, dans ses cours aux enfants, le maître faisait parade d'athéïsme, ou si, à propos de matières simplement laïques, il se livrait à des attaques contre la religion, il contreviendrait à son mandat et tromperait la confiance des pères de famille.

Si, d'un autre côté, les maîtres chargés de l'instruction religieuse, se mettaient à discourir contre les institutions républicaines, à décrier cette forme de gouvernement, et à convertir en clubs les cours de rhétorique, d'histoire, de philosophie, ou même de catéchisme, l'État ne pourrait tolérer ces agissements.

L'État donc ne peut pas s'empêcher d'exercer sa surveillance sur les corps enseignants quels qu'ils soient.

Quant aux pères de familles, ils ne manqueront pas d'envoyer leurs enfants dans les écoles où ils trouveront le plus de garantie d'instruction et de moralité, et les meilleures conditions de tout ordre.

L'État a intérêt à donner satisfaction aux légitimes sollicitudes des parents.

XXIX

Liberté de la presse.

Ses abus.

On dit : Quoi? il faut un brevet de capacité pour être instituteur primaire; et des journalistes sans brevet, sans mandat ni mission aucune, régentent tout le monde, prétendent en remontrer aux plus habiles, critiquent et traitent de haut : magistrats, généraux et ministres ; ils se livrent aux divagations les plus inconsidérées, les plus dangereuses ; la morale même est foulée aux pieds... Peut-on tolérer de pareils abus?

La presse, en effet, se livre à de graves écarts. Tantôt, par les habiletés calculées d'une plume pure, élégante et polie, on insinue dans les âmes un venin dangereux. Tantôt prenant le langage et « les jurons de la fille perdue, » on descend dans les égouts les plus immondes.

On se complait à étaler à tous les yeux des plaies morales qu'on devrait tenir cachées, de même que nous retirons dans un hôpital les infirmités physiques, au lieu de les donner en spectacle au public.

En politique surtout, on se fait l'écho des récriminations les plus injustes. On recueille avec soin les paroles et les actes honteux ou coupables de tel individu pour décrier son parti.

Les uns attaquent les progrès modernes, et, jouant sur le sens du mot *Révolution*, sans tenir compte des bienfaits que l'on doit à cette grande *Évolution* sociale, ils se plaisent à ne relever que les erreurs ou les crimes de quelques hommes sinistres et pervers.

D'autres ne voient dans les principes religieux que le fanatisme qui en est l'écueil, et l'action des prétendants politiques, qui s'en font un marche-pied.

Par des tableaux pleins de fiel et d'aigreur, on avive les ressentiments, on envenime les haines, on provoque des attaques et des fureurs réciproques, et on fait apparaître la nation française comme divisée en deux camps d'énergumènes, prêts à s'entre-déchirer.

Ces déclamations se répétant chaque jour, sous des formes variées, et à toute occasion, finissent par envahir l'esprit d'un grand nombre de lecteurs, qui s'approprient ces idées fausses; car bien des gens préfèrent accepter les opinions qu'on leur offre toutes formées, que de réfléchir eux-mêmes.

Ainsi la presse égare l'opinion, fomente les divisions, prélude aux émeutes et aux guerres civiles.

Quelles institutions sociales peuvent résister à de pareilles attaques?

Quel fléau que la liberté de tout écrire et publier!

XXX

De ses bienfaits.

On peut répondre :

A quels excès ne se livrent pas les langues humaines? Mensonges, calomnies, séductions, mauvais conseils, trahisons, etc. Quelle peste que l'exercice de la parole !

Mais disons aussi les bienfaits que nous lui devons.

Faut-il supprimer l'usage de la langue parce qu'on en abuse ?

Or, la presse, c'est la parole écrite et répandue partout. Elle est un surveillant universel, un Argus ayant des milliers d'yeux, d'oreilles et de bouches. Elle relève les torts, signale les abus, informe l'autorité, discute d'avance les lois à proposer, dénonce les malversations, et, par la crainte de la publicité, empêche bien des méfaits. Ses discussions éveillent les esprits, les échauffent et du choc des opinions font jaillir la vérité et surgir des idées nouvelles.

« Un sot quelquefois ouvre un avis important. »

Ce qui est bas et vil tombe dans la déconsidération et le mépris ; l'erreur est rejetée dans l'ombre, et la lumière de la vérité finit par resplendir et triompher seule.

Pourquoi la vérité craindrait-elle la libre discussion? C'est à l'erreur qui s'entretient d'obscurités à redouter la lumière.

Les systèmes faux et dangereux, débattus publiquement, sont bientôt transpercés par la logique et perdent leur prestige.

Au contraire, quand une compression tyrannique empêche l'expansion des idées, il se forme des complots souterrains, dont les explosions bouleversent le sol.

La presse libre sert de soupape à ces complots; leur malignité se dissipe au grand air, et la mine se perd en fumée.

Faut-il donc lâcher toute bride à la licence? Autant vaudrait-il permettre d'aller nu dans les rues, ou autoriser la vente du poison comme celle de l'aliment. Ni la Société ni la morale ni la Religion ne peuvent supporter de pareils excès. La loi doit empêcher que nous ne retournions à l'état sauvage, les tribunaux doivent rester armés.

Tout en laissant aux opinions la plus grande liberté pour se produire, l'État est tenu de veiller à sa sûreté, et de faire respecter les droits des particuliers et les convenances publiques.

XXXI

Des moyens de réprimer les écarts de la presse.

Des esprits sérieux voudraient contenir la presse par des lois draconiennes.

Mais l'expérience a démontré combien elles sont inefficaces. Les écrits les plus immoraux, les plus subversifs ont été publiés sous les gouvernements les plus autoritaires, les plus despotiques. L'œuvre de la presse est à la fois ailée et souterraine, ouvertement pénétrante et clandestine ; elle court de main en main, et n'a jamais plus d'attraits que quand elle devient fruit défendu. Tel qui s'élève contre un ouvrage obscène ou impie le retient dans sa poche. On a vu des chefs d'État faire leur lecture la nuit d'un livre qu'ils proscrivaient d'ailleurs.

Comment réprimer la licence sans léser la liberté? Le moyen est aussi simple que rationnel. La presse est la parole écrite. Si elle se livre à des écarts et commet des délits de droit commun, on est armé contre elle des mêmes lois qui punissent les discours et les paroles coupables.

En un mot, il ne faut établir par rapport à la presse, ni restriction, ni privilège de nature à la soustraire au droit commun.

De leur côté, les publicistes devraient se considérer comme des instituteurs d'adultes qui ont à remplir une mission sacrée. Pourquoi faut-il que ce soit la crainte de la loi qui les rappelle à la modération, à la tolérance, au respect des droits d'autrui et aux sentiments patriotiques?

XXXII

Gouvernement républicain.

Remarquons d'abord cette différence entre l'idéal républicain et l'idéal monarchique.

C'est que le premier, selon l'étymologie du mot, se préoccupe du bien-être et des droits de tous les citoyens.

L'idéal monarchique, au contraire, a surtout en vue la conservation et l'absorption croissante du pouvoir :

1° Au profit du monarque ; c'est ce qu'exprime éminemment le mot de Louis XIV : « L'*État c'est Moi* ; »

2° Au profit de certaines classes qui appuient la dynastie : Ainsi sous Louis XV, nul ne pouvait aspirer au grade d'officier dans l'armée, s'il n'appartenait à la noblesse.

Vainement on dira que les intérêts bien entendus du monarque et ceux de ses sujets sont identiques. L'histoire prouve combien, en réalité, ils sont distincts ou mal compris.

On dit aussi que l'éducation, l'habitude du pouvoir, les traditions de famille, facilitent la gestion des affaires. Soit ; mais contre ces avantages, on peut faire valoir les inconvénients de la routine, des préjugés, de l'orgueil du pouvoir, des adulations, etc.

« Le prince, dit Proudhon, est incapable de « pourvoir à tout ; il doit s'en rapporter à des « agents qui le trompent, le volent, le dis- « créditent, le perdent dans l'opinion ; le « supplantent et à la fin le détrônent. » (1).

---

(1) *Du Principe fédératif*, 39.

Les partisans de la monarchie en vantent la solidité. Mais, en France, sur sept à huit souverains depuis Louis XV, un seul est mort sur le trône.

Il faut d'ailleurs convenir que le fils d'un habile monarque peut être d'une complète incapacité ; et l'histoire nous montre au moins autant de grands hommes d'état fournis par les classes vulgaires que par les hautes familles.

« J'ai vu, dit Lamennais, des vieillards age-
« nouillés devant un enfant, qui vagissait dans un
« berceau ; ils lui disaient : « Seigneur ! » et
« j'ai compris toute la misère de l'homme. »

Ces réflexions ont été faites dans tous les temps.

Quand les Hébreux ne voulant plus du gouvernement théocratique, demandent un roi à Samuël, ce prophète ne dénie point au peuple le droit de choisir sa forme politique ; mais il expose avec force les maux dont les rois affligent leurs sujets.

Homère qui qualifie les rois de *pasteurs*, les appelle aussi *dévoreurs* de peuples.

Après la mort du faux Smerdis, les conjurés délibèrent sur la forme de gouvernement applicable aux Perses. Otanès fait valoir en faveur de la démocratie les mêmes arguments qu'on peut invoquer de nos jours.

Contre ceux qui arguent de l'incompétence politique des masses, nous dirons avec Montesquieu que si les masses sont incompétentes sur des questions complexes et difficiles, elles sont moins exposées à se tromper sur la valeur de leurs mandataires qu'elles voient à l'œuvre.

Ajoutons qu'en fait, depuis que le peuple, par ses représentants, est appelé à voter l'impôt, nous sommes dans un état de république plus ou moins déguisé. Car au fond le vrai maître est celui qui tient les cordons de la bourse.

Nous ne contredirons pas ceux qui prétendent qu'il y a eu de bons rois. Mais on peut leur répondre avec ce grec illustre, refusant les offres du roi Artaxerxès, dont on lui vantait la bonté : Qu'ai-je besoin d'un maître quelque bon qu'il soit ?

Le citoyen vraiment libre ne reconnaît d'autre souverain que la loi, qui elle-même doit être l'expression du droit, de la vérité, de la justice.

C'est là que réside la seule légitime souveraineté. C'est de ce fond que découle toute autorité respectable.

Un gouvernement, quel qu'il soit, est tyrannique, quand il y a abus visible de l'autorité.

La tyrannie peut se produire en bas comme en haut, dans toutes les formes et conditions sociales.

Un maître de maison qui fait abus évident de

son pouvoir sur ses serviteurs ou sa famille est un tyran.

Ce serait une dangereuse erreur de croire que la République est un gouvernement qui peut tout se permettre.

« La République, dit Cicéron, est la chose du peuple, quand le gouvernement est juste et bien dirigé... Mais s'il est injuste, si un tyran ou une faction accaparent la République, il n'y a plus de République. Le peuple même, s'il est injuste, cesse d'être le peuple, puisque la multitude n'est plus liée par l'accord du droit et la communion des intérêts. » (1)

La liberté est le respect de tous les droits. Plus le peuple a de pouvoir, moins il doit s'abandonner à la licence. L'indiscipline et l'indocilité ne sont pas la liberté.

L'injustice et l'anarchie ne tardent pas à amener la dictature et le despotisme. Quand on se voit dans le désordre, on invoque un bras fort, capable de le faire cesser. Certains provocateurs de troubles le savent bien. Certains faux démocrates qui s'attachent par leurs écarts

---

(1) *Respublica est Populi res cum bene ac juste geritur... Cum vero injustus est Populus... Omnino nulla Respublica est, quoniam non est res Populi, cum Tyrannus factio Sve eam capessat. Nec ipse Populus jam Populus est, si sit injustus, quoniam non est Multitudo Juris consensu et utilitatis communione sociata.* (*Fragm. lib. III de Republ.*)

de langage à alarmer l'opinion le savent aussi.

L'ambition, la servilité, l'incapacité de se conduire selon les règles de l'équité ; en un mot les défaillances et la perversité des hommes engendrent des gouvernements arbitraires, iniques, oppressifs. « Dieu, pour châtier les hommes, disait Lacordaire, permet qu'il y ait des empereurs et des bourreaux. »

XXXIII

Exemple des anciennes Républiques grecques.

Retrempons nos âmes et notre patriotisme en nous rappelant de quel esprit étaient animées ces Républiques de l'antiquité qui se sont couvertes d'un éclat immortel. Et pour qu'on ne nous accuse pas de flatter la démocratie, citons Bossuet.

« La liberté que se figuraient les Grecs, dit-il, « était une liberté soumise à la loi, c'est-à-dire « à la raison même reconnue par tout le peuple. « L'homme civil n'était autre chose qu'un bon « citoyen, qui se regarde toujours comme un « membre de l'État, qui se laisse conduire par « les lois et conspire avec elles au bien public, « sans rien entreprendre sur personne. Les « citoyens s'affectionnaient d'autant plus à leur « pays qu'ils le conduisaient en commun. » (Disc. sur l'hist. univ.)

De nos jours, on se passionne pour un personnage plus encore que pour l'idée qu'il représente ; on ne considère pas assez que s'il y a des hommes dont le concours est précieux, aucun cependant n'est indispensable.

Les républicains de la Grèce « ne voulaient pas « que les hommes eussent du pouvoir parmi « eux... ce qu'ils avaient de plus grand était un « courage que l'amour de la liberté et de la pa- « trie rendait indomptable. »

Le désintéressement de leurs plus grands citoyens fut extrême.

Aristide après avoir géré à la satisfaction générale, pendant plusieurs années, les finances de la Grèce, mourut sans laisser de quoi se faire enterrer.

Épaminondas, l'homme peut-être le plus accompli de l'ancienne Grèce, était d'une naissance obscure. C'est lui, dit-on, qui, le premier apprit à ranger savamment une armée en bataille. Agésilas, le vainqueur de l'Asie, rappelé à la défense de Sparte, ayant observé d'une hauteur les manœuvres du général thébain, ne put s'empêcher de s'écrier : « Quel homme ! Quel prodige ! » Eh bien ! Épaminondas était si pauvre qu'il était forcé de rester chez lui le jour où l'on nettoyait son unique manteau. Après sa victoire de Leuctres, ses jaloux, par dérision, lui firent donner la charge du balayage des rues. Il s'en acquitta avec zèle et bonne grâce, disant : « ce n'est pas la fonction qui honore le citoyen, mais c'est le citoyen qui doit honorer la fonction. »

Phocion puisait de l'eau, et sa femme pilait du blé pour leur repas, quand des envoyés d'Alexandre (auquel il avait conseillé l'expédition d'Asie), vinrent lui offrir cent talents (environ cinq millions). Pourquoi, dit Phocion, à moi particulièrement? — Il vous considère comme le plus honnête homme d'Athènes. — Qu'il me laisse rester honnête. — Mais vous avez des enfants. — Qu'ils fassent comme moi. Il se contenta d'obtenir du conquérant la délivrance de quelques prisonniers ses compatriotes.

Voilà par quelles vertus s'illustrèrent les républiques grecques.

Mais aussi vit-on jamais une plus belle expansion du génie humain? agriculture, marine, guerre, poésie, éloquence, sculpture, peinture, histoire, médecine, géométrie, philosophie, etc., tous les genres d'activité humaine, sortirent à la fois du sein de ces petits États républicains et furent portés à une élévation qu'on a rarement atteinte depuis.

Et pourtant la plus célèbre de leurs Républiques, celle d'Athènes, était à peine grande et peuplée comme un de nos départements (1).

(1) Elle avait en moyenne, au temps de sa splendeur, 70,000 habitants libres, 110,000 esclaves et environ 10,000 cohabitants sans droit de cité (μετοικοι) en tout environ 200,000 âmes. (Letronne, *Géographie ancienne*.)

XXXIV

République romaine.

Mais voyons le portrait que Bossuet trace des Romains.

« Le fond d'un Romain, pour ainsi parler, « était l'amour de sa liberté et de sa patrie. « Une de ces choses lui faisait aimer l'autre : « car, parce qu'il aimait sa liberté, il aimait aussi « sa patrie comme une mère qui le nourrissait « dans des sentiments également généreux et « libres... La liberté leur était donc un trésor « qu'ils préféraient à toutes les richesses de « l'univers... La pauvreté n'était pas un mal « pour eux : au contraire, ils la regardaient « comme un moyen de garder leur liberté plus « entière, n'y ayant rien de plus libre et de « plus indépendant qu'un homme qui sait vivre « de peu, et qui, sans rien attendre de la « protection ou de la libéralité d'autrui, ne « fonde sa subsistance que sur son industrie « et sur son travail...

« Nourrir leur bétail, labourer la terre, se « dérober à eux-mêmes tout ce qu'ils pouvaient, « vivre d'épargne et de travail, voilà qu'elle « était leur vie ; c'est de quoi ils soutenaient « leur famille qu'ils accoutumaient à de sem- « blables travaux. » (Bossuet, *Disc. sur l'Hist. universelle.*)

Cependant ces hommes rustiques étaient avisés,

industrieux, empruntant aux voisins les améliorations utiles ; constants, grands et larges pour les travaux publics. Jamais on ne vit des soldats plus vaillants et mieux disciplinés. Ils avaient pour règle de vaincre ou de mourir. Les prisonniers faits par l'ennemi étaient sensés n'être plus Romains. Le peu de temps que duraient les magistratures permettait d'y appeler tour à tour les meilleurs citoyens. En bas comme en haut, tous étaient imbus des intérêts de la chose publique. La dictature proclamée dans quelques cas d'urgence durait peu. Fiers du nom de citoyens romains, ils n'entendaient se courber que sous la loi librement délibérée. Leur Sénat parut à un ambassadeur une assemblée de rois.

C'est par tant de qualités que la République romaine forma l'État le plus vaste et le plus puissant qu'on ait jamais vu.

XXXV

Causes capitales de leur chute.

Comment s'altéra ce bel ordre de choses ?

De même que les Grecs, les Romains méconnurent les droits et les devoirs qui sont l'apanage naturel de chaque homme. Démosthène, dans son indomptable patriotisme, ne voyait que le bien de la cité Athénienne. Rome n'avait à cœur que les intérêts de son Capitole. Celui qui fut venu parler au Sénat de l'égalité de tous devant la loi, de liberté, de fraternité universelle, lui eut paru extravaguer. L'esclavage, de plus en plus étendu, constituait à la fois une plaie sociale et une nécessité. L'inégalité des citoyens devant la loi, les distinctions entre patriciens et plébéiens furent une cause perpétuelle de divisions intestines.

Durs envers eux-mêmes, hautains et enclins à la guerre, les Romains portèrent à l'excès le mépris de la vie des autres. Ils furent d'une suprême injustice vis-à-vis des nations voisines. Au lieu de leur accorder la libre annexion et les droits de cité, comme ils avaient fait au début, ils aimèrent mieux les asservir.

Leurs habiles et vaillants généraux s'appliquèrent à plier successivement tous les peuples sous la domination romaine. Ils dépouillèrent et détruisirent systématiquement les villes célèbres et opulentes, accumulant dans Rome les richesses de l'univers connu alors. On laissait aux provinces une ombre d'autonomie, sous des gouverneurs qui les pressuraient à fond. On se plaisait à infliger aux chefs vaincus les plus illustres des traitements ignominieux, les enchaînant au char du triomphateur et les faisant expirer dans des tortures physiques et morales. Des armées et des populations entières étaient vendues à l'encan ou amenées en Italie dans le plus dur esclavage. Les femmes des Cimbres aimèrent mieux se pendre avec leurs enfants que d'aller subir à Rome le triste sort qui les attendait. On forçait un grand nombre des plus vigoureux prisonniers à s'entr'égorger dans les cirques; on les livrait aux bêtes féroces.

Le luxe, l'avarice, les brigues, tous les genres de corruption envahirent la cité triomphante.

L'or de l'Asie avait gâté les Républiques grecques. L'austère Lacédémone n'avait pas su y résister. Les trésors du monde entier ne pouvaient assouvir la cupidité des puissants de Rome.

« O ville vénale, s'écriait Jugurtha, que tu « aurais facilement un maître, s'il avait assez « d'argent pour t'acheter! »

Le sol italien que cultivaient autrefois des bras héroïques, confisqué aux propriétaires, resta inculte ou fut abandonné à des fermiers de l'Etat, qui le faisaient travailler par de malheureux esclaves au profit des grandes maisons.

Quelques réformateurs, qui voulurent remédier à ce désordre, furent mis à mort comme des novateurs et des séditieux. Le mal devint incurable.

Des personnages ambitieux se disputèrent le pouvoir, et se livrèrent à d'épouvantables guerres civiles. Les soldats ne furent plus des défenseurs de la patrie, mais les partisans de chefs qui se proscrivaient tour à tour. Les dictatures se succédaient toujours sanglantes.

Avec l'or de la Gaule conquise, César acheta l'omnipotence à Rome; il combla les vides du Sénat en y faisant entrer les barbares qui l'avaient servi. Quelques Romains à l'âme forte essayèrent vainement de soutenir la République et la liberté expirantes ; ils succombèrent. Brutus et Cassius furent proclamés les derniers Romains.

XXXVI

Césarisme.

Mais combien cette fière maîtresse du monde expia chèrement ses forfaits contre l'humanité ! L'État tomba entre les mains d'empereurs qui accaparèrent tous les pouvoirs, et dont la volonté devint la *loi vivante*. Plusieurs d'entre eux furent les plus ineptes, les plus insensés, ou les plus pervers des hommes. Tel est le terme auquel doit fatalement aboutir la violation de la justice et le mépris des droits et des devoirs naturels.

Avec la liberté de la patrie s'effaça l'ancien caractère des citoyens romains. En devenant esclave, l'homme, dit Homère, perd la moitié de sa valeur. Des vieilles familles, les unes disparurent ruinées ou proscrites, les autres, se ruèrent vers la servitude, confondues avec les étrangères.

Les empereurs redoutant leurs concitoyens se firent une garde prétorienne, composée d'Espagnols d'abord, puis d'Allemands qu'ils savaient, dit un historien, être plus propres à obéir qu'à commander. Vaines précautions ! Les chefs militaires, tour à tour élevés et précipités, mettaient en pièces la pourpre des empereurs et s'en arrachaient l'un à l'autre les lambeaux.

Bientôt les barbares, alléchés par l'appât du butin, accoururent de tous les côtés, comme d'immenses nuées de corbeaux, pour envahir l'empire.

Des hordes sauvages, aussi cupides que féroces, anéantirent la domination romaine et lavèrent dans le sang ses iniquités. Attila s'intitulait lui-même le fléau de Dieu.

Pendant plusieurs siècles, il s'est opéré un pêle-mêle universel des peuples. Mais au milieu de cette confusion a toujours surnagé le système du césarisme romain, c'est-à-dire l'intervention arbitraire du chef d'État. Les mots *Czar* et *Kaiser*, par lesquels on désigne les chefs des empires actuels, témoignent de l'impression qu'a laissée le système césarien ou despotique dans l'esprit et dans les mœurs des peuples.

La formule générale de ce système, c'est la soumission universelle à la volonté souveraine d'un seul.

Est-ce à dire que du sein de tant de barbaries et d'empires autocratiques il ne soit jamais advenu quelque bien ?

De même que des décompositions organiques sort une végétation plus puissante, ainsi du milieu de ces désordres et de ces calamités a surgi une civilisation plus saine et plus vigoureuse. Les races se sont mêlées ; les barbares ont apporté un sang nouveau dans les contrées énervées, qui les initiaient à leurs sciences et à leurs arts. Des résistances locales et égoïstes ont été brisées. Certaines nations se sont unifiées et constituées à leurs convenances. Les administrations générales régularisées, en se fortifiant dans de grands centres, ont fait irradier sur les parties les plus éloignées l'activité et la vie. Vainqueurs et vaincus ont fait à leurs lois et à leurs mœurs des emprunts mutuels.

Des princes même abominables ont entremêlé leur sombre tyrannie de quelques éclairs de raison et de moralité. Les édits, décrets et ordonnances des Républiques, des Empires et des Monarchies, ont marqué les étapes successives de la civilisation.

Enfin, en présence de tant d'événements, de ruines et de fortunes diverses, des philosophes et des publicistes, méditant sur les causes du bonheur et du malheur des peuples, ont préparé les principes de la Révolution de 1789. Les rois et les empereurs les plus absolus ont fini par s'imprégner de ces principes. Le Czar, et le Grand-Turc lui-même, font quelques pas vers les idées d'affranchissement, de tolérance et de liberté.

XXXVII

Avenir de notre République.

Quel sera le sort de notre République ? Tombera-t-elle comme celles qui l'ont précédée ? Les mêmes causes doivent produire les mêmes effets.

Il est certain qu'il y a parmi nous de graves motifs de divisions, et des mécontents en grand nombre.

Comment des familles à qui leurs châteaux, leurs titres et leurs blasons, rappellent la puissance, l'autorité et les privilèges dont jouissaient leurs pères, pourraient-elles s'empêcher de jeter en arrière un coup d'œil de regret !

« Ah ! qu'il faut aimer le bien,
« Pour de roi n'être plus rien ! »

disait en 1789 une chanson aristocratique.

Mais enfin plusieurs révolutions, chartes et constitutions ont passé sur ces privilèges, et concédé ou reconnu aux populations les libertés naturelles qu'elles réclamaient instamment, dès avant 1789, dans leurs cahiers aux députés. Retourner en arrière est impossible.

Il y en a qui n'appartiennent pas précisément à l'ancienne noblesse, mais qu'un maître comblait de puissance et de faveurs. L'or coulait à flots dans leurs maisons. Ils estimaient que si la fortune leur était propice, c'est qu'ils excellaient à la diriger. Les populations étaient à leurs yeux des troupeaux à tondre. A des chiens rogues qui regardaient de travers, on donnait quelque os à ronger ; contre ceux qui aboyaient trop fort, on avait la muselière, la prison ou l'expulsion. Liberté, droits des peuples, fidélité à la foi jurée, étaient des mots sonores, bons pour les dupes et dont les gouvernants tenaient peu compte.

Un coup de tonnerre convertit des positions brillantes en longs regrets et en rêves impuissants.

Comment ces personnes autrefois enivrées d'honneurs par la grâce du maître n'en désireraient-elles pas le retour? Comment aimeraient-elles la République avec sa presse libre, ses sévérités scrutatrices et ses maigres traitements?

« Car quoi ! point de franche lipée !
« Tout à la pointe de l'épée ! »

Il y a des gens que tout bruit chagrine et que les élections agacent ; ils n'aspirent qu'après le repos. Ils voudraient que tout fût comme en Chine, pétrifié dans une immobilité absolue. Ils ont toujours présents, comme une image désolante, les crimes et les terreurs de la première République, et se font un tableau pur et sans tâche de la félicité des anciens régimes.

On voit même des citoyens, dont nos révolutions ont fait éclore les talents; des fils de parvenus qu'elles ont tiré de terre, se servir des libertés républicaines pour attaquer la République et la liberté. La République protège, sous son large et généreux étendard, les discussions de ses enfants même ingrats. Elle doit les tolérer, tant qu'elles n'enfreignent pas les droits d'autrui et ne troublent pas l'ordre public.

D'autres, au contraire, estiment que l'État est trop immobile. Ils ont leur plan d'organisation sociale rédigé. Le compas, l'équerre et la balance à la main, ils calculent tout selon les données d'une science réputée positive. Mais une foule de réalités, très positives aussi, échappent à leur algèbre; leur vie s'écoule au milieu de résistances et d'écueils inévitables; ils s'écrient dans leur rage d'action que la République présente n'est pas la vraie, n'est pas tolérable.

XXXVIII

Causes et moyens de stabilité.

Tous ces partis acharnés contre la République, se tenant debout autour des faces opposées de cette pyramide péniblement dressée, ne cessent de dire : Vous voyez bien qu'elle ne peut pas tenir. Et, au lieu de l'appuyer, ils attachent leurs câbles à la cîme et tirent pour la renverser, chacun de leur côté.

Mais ils la maintiennent plutôt en équilibre par leur antagonisme.

Assis sur la large base du respect de tous les droits qui sont l'honneur de l'humanité, et appuyé sur le suffrage populaire, le monument demeure inébranlable.

Tandis que chez d'autres nations dont les éléments sociaux sont mal équilibrés, souvent un calme apparent couve des tempêtes; chez nous, tous les éléments ont été coulés, fusionnés et unifiés dans un vaste ensemble, et sous une agitation apparente, le fond reste calme par l'esprit de rectitude qui a présidé à notre législation.

Les modifications apportées au Code civil d'après les idées nouvelles ont survécu à nos revers et à nos révolutions. L'égalité devant la loi est acquise. Sous un suffrage restreint ou non, et malgré une représentation parfois faussée ou irrégulière, ce sont toujours des assemblées électives qui décrètent l'impôt, et non plus un pouvoir arbitraire. Les masses sont largement et profondément imbues de ces principes, désormais inattaquables en droit.

Aussi quel spectacle intéressant de voir, grâce à ces fécondes institutions, la France vaincue et brisée par la guerre, être aujourd'hui la plus tranquille, la plus prospère, la plus libre des nations !

Est-ce à dire que tout soit parfait chez nous ; que la liberté et l'égalité existent pleinement ;

que la fraternité soit complète ; que le travail, l'assistance publique, le droit d'association, l'enseignement, soient partout bien compris et bien ordonnés ? Non, certainement. Il y a beaucoup à faire, et ne pas avancer serait reculer.

Nos fautes, nos erreurs, l'ambition des uns, la corruption et la vénalité des autres, l'injustice, les violences, peuvent miner par sa base le monument de nos institutions républicaines, et renverser le gouvernement le plus largement populaire qu'on ait jamais vu jusqu'ici.

Si donc, nous voulons conserver la République et la liberté, ne cessons pas de nous en montrer dignes par la culture exacte des vertus civiles et politiques qu'elle exige de nous.

C'est une maxime généralement vraie que les Républiques plus encore que les Monarchies ont besoin, pour se soutenir, de la vertu des citoyens.

TROISIÈME PARTIE

SUR LES RAPPORTS ENTRE LES PRINCIPES RELIGIEUX ET LES PRINCIPES DÉMOCRATIQUES

XXXIX

Liberté de conscience ou des cultes.

Objet de la loi religieuse autre que celui de la loi civile.

Il n'est pas facile d'extirper du cœur et de la conscience de l'homme les idées de Dieu et de vie future.

Instruit ou ignorant, il cherche une réponse à l'énigme de la destinée qui l'a jeté au monde. Et ce problème, qu'il tâche de résoudre, soit par les efforts de sa libre pensée, soit à l'aide des données qui lui ont été transmises, a sa valeur parmi les questions sociales, puisque chez toutes les nations civilisées on trouve un ou plusieurs cultes.

La plupart des professions de foi politiques portent qu'on entend respecter la religion, et nos constitutions affectent un chapitre spécial au budget des cultes.

Examinons donc maintenant la question de la loi religieuse en soi et dans ses rapports avec la loi civile, ou si l'on veut la question de l'Église dans ses rapports avec l'État.

Il doit être entendu que nous parlons surtout de l'Église catholique. C'est elle principalement qui est en butte aux attaques de Proudhon, dont nous aurons à discuter les allégations. D'après lui : « Il ne peut y avoir qu'une seule Religion, « une seule Église... L'Église catholique est celle « qui a le plus de droit au gouvernement des « âmes... Le Catholicisme latin est ce qu'il y a « de plus complet... Cette Église est la seule « légitime... Hors de l'Église chrétienne et ca- « tholique il n'y a ni Dieu, ni théologie, ni « religion, ni foi (1). »

Ainsi s'exprime Proudhon pensant frapper au cœur le principe religieux, en attaquant une Église qui en est le suprême idéal.

Nous avons vu que la loi civile s'adresse aux actes matériellement saisissables.

La loi religieuse va plus loin ; elle pénètre jusqu'au *for intérieur*, à la pensée cachée dans la conscience. On est coupable à ses yeux, non pas seulement pour avoir volé un objet, mais pour avoir eu la volonté, ou même simplement le désir de le voler.

Et de quelque manière qu'ait été commis un

(1) Proudhon : *De la Justice dans la Révolution et l'Église*. T. I. 23 et suivantes et *passim*.

crime, avec ou sans la complicité de la loi civile, ou bien contre ses prescriptions, la loi religieuse le condamne absolument, n'importe le profit qu'on en retire, et d'autant plus sévèrement que l'intention a été plus malicieuse.

Par contre, un scélérat, peut être justement condamné par la loi civile. Mais en raison de son repentir sincère, la Religion peut l'absoudre et lui refaire une sorte d'innocence.

Toutefois, quelle que soit l'absolution que donne la Religion, la justice humaine suit son cours, et souvent frappe de mort le coupable.

En principe encore l'Église a horreur du sang (*Ecclesia abhorret a sanguine*); l'État au contraire le fait verser à flots dans des guerres plus ou moins légitimes.

Il est donc vrai que la loi religieuse roule surtout sur la conscience qui relie l'homme à Dieu. Elle lui indique le but de sa destinée et la perfection morale à atteindre. Son principe fondamental est ainsi formulé dans le catéchisme catholique. « Dieu a créé l'homme pour le con- « naître, l'aimer et le servir, et obtenir par ce « moyen la vie éternelle. »

Ce principe d'ailleurs est le fond de toute Religion.

... Quem te Deus esse
Jussit, et humana qua parte locatus es in re (*Perse*).

« Dieu que veut-il de toi? Quel est ton rôle au monde? »

se demandaient les philosophes anciens.

Mais il arrive que dans une cité, tous les membres n'ont pas la même foi.

On reconnaît, généralement, un Être suprême. La Constitution de 1848 commence par ces mots : « En présence de Dieu. »

Mais ce point concédé, les croyances varient beaucoup, et les dissentiments religieux ont dégénéré quelquefois en luttes et en guerres terribles, fomentées et excitées par tout le fanatisme des intérêts et des passions humaines.

La loi civile, jalouse de maintenir l'ordre et la paix, doit empêcher le retour de ces violences et de ces troubles. C'est pourquoi nos Constitutions, sans proscrire aucune croyance religieuse, se reconnaissant en matière de dogmes incompétentes, déclarent qu'il faut protéger la liberté de conscience et celle des cultes ; et cette tolérance de la loi civile est une des plus précieuses conquêtes de la législation moderne.

XL

Danger des guerres pour cause de religion.

C'est que les guerres de religion dans lesquelles on prétend que Dieu commande lui-même de détruire son ennemi ont toujours été les plus dangereuses.

Sous prétexte de violation d'un territoire sacré, Philippe, roi de Macédoine, se fit donner la conduite d'une armée, en faveur du temple de Delphes, et après d'affreux massacres il ruina la liberté de la Grèce.

Les Romains, habiles politiques, évitaient de se brouiller avec les dieux des nations vaincues; ils les accueillaient tous dans leur Panthéon.

Les Juifs s'accommodaient de cette tolérance, et à l'époque de Jules César ils étaient déjà assez répandus dans Rome. Aux funérailles de ce dictateur, ils se signalèrent par leurs lamentations et leur assiduité autour de son buste.

Tibère commença d'inquiéter les Égyptiens et les Juifs sur leur religion; il fit brûler, à Rome, les objets qui servaient à leur culte (Suétone).

Caligula tenta une plus grande profanation en voulant exiger qu'on plaçât, dans le temple de Jérusalem, sa propre statue comme celle d'un dieu.

Peu après, Néron entreprit l'horrible guerre où fut détruite la nationalité juive. Ce prince qui fit tuer son frère, sa mère, sa femme et son précepteur, le philosophe Sénèque, commença contre les chrétiens une persécution qui dura 300 ans. On dit qu'il faisait flamber, la nuit, ses victimes enduites de poix, et qu'il se promenait sur un char à la lueur de ces torches vivantes. Singulière aberration des opinions! L'historien païen, Suétone, met cette persécution au compte des belles actions de Néron!

Il est triste de penser que des chrétiens, à leur tour devenus persécuteurs, ont imité les fureurs du sinistre tyran, et pratiqué le contre-pied des leçons de l'Évangile.

Qu'il est difficile à l'homme de suivre le droit chemin !

A peine Constantin avait-il mis un terme aux persécutions et placé la croix sur ses drapeaux que les querelles théologiques des chrétiens entre eux s'envenimèrent ; les schismes et les hérésies mirent les populations aux prises et amenèrent des maux sans nombre.

L'Islamisme, issu de débris de sectes chrétiennes, s'attribua la mission de propager la foi religieuse par le fer et la dévastation. Les populations fanatisées de l'Orient se ruèrent sur l'Occident, le remplirent pendant plusieurs siècles de carnage et de ruines, et provoquèrent les terribles vengeances des occidentaux.

Vinrent ensuite les guerres des diverses réformations, où les questions sociales, politiques et théologiques sont tellement entremêlées qu'on ne peut en suivre la trame, les personnages changeant souvent de rôle selon leurs intérêts.

On a évalué à dix millions le nombre des personnes victimes des guerres ou des persécutions de cette époque, dans un intervalle de 400 ans.

Des hommes sages firent longtemps de vains efforts pour éteindre ces haines fratricides.

C'est la Révolution de 1789 qui a décidément proclamé la liberté de conscience comme un principe désormais acquis. C'est depuis lors que les idées de tolérance tendent à prévaloir dans les pays civilisés.

XLI

De la tolérance. Cette tolérance ne signifie pas que toute doctrine est indifférente, ni que l'erreur a droit au même hommage que la vérité. A la rigueur, l'erreur n'a aucun droit, puisqu'elle porte à faux.

Mais où finit la vérité? où commence l'erreur? Les préventions, les préjugés, l'ignorance, les superstitions, les croyances varient à l'infini, selon l'éducation, les mœurs, les temps, le degré de compréhension de chacun.

Il entre dans les sujets religieux du cœur et du sentiment.

« Étrange aveuglement ! »

s'écrie Pauline.

« Éternelles clartés ! »

réplique Polyeucte.

La foi, dit l'Église, est un don de Dieu, à condition que l'homme s'y prête, car il est libre d'y résister. Elle se perd et se recouvre. Celle de Pierre eut son éclipse et son relèvement; Paul, après avoir été persécuteur, devint apôtre.

Un vigoureux esprit, qui s'était livré d'abord aux exubérances et aux débordements de sa libre pensée, devint le grand saint Augustin.

Il y a des temps de doute et des temps de ferveur.

Dans la vaste scène de l'univers, les uns ne veulent voir qu'un concours de forces purement physiques et matérielles.

Les autres, dans cet immense drame, composé d'actes secondaires sans fin, voient une direction intelligente, qui fait concourir au but, non-seulement les divers acteurs, mais encore les décors et les planches du théâtre.

Faut-il vider par le glaive ces divergences d'opinion, pour des problèmes dont la hauteur échappe à un grand nombre? Le fort doit-il écraser le faible qui pense autrement que lui?

On n'a que trop vu les peuples se livrer tour à tour à d'épouvantables massacres sous prétexte de réprimer l'erreur.

« Ces funestes exécutions et ces barbares
« saignées, écrit Silhon au cardinal de Richelieu,
« n'ont produit autre chose que de mettre en
« désespoir et en fureur ceux qui n'avaient au-
« paravant que des passions ordinaires. » (1)

Les gouvernants eux-mêmes sont-ils sûrs d'être toujours dans le vrai? Sont-ils compétents en matière théologique? Ne peuvent-ils pas être imbus d'erreurs et de préjugés? Dès lors, de

---

(1) Epitre dédicatoire.

quel droit diraient-ils à un citoyen : *Crois ou meurs?*

La police civile n'a ni le pouvoir, ni le droit de décréter la foi, ni d'inspecter les consciences.

Mais le devoir des gouvernants, quelles que soient leurs opinions religieuses personnelles, est toujours le même : favoriser la diffusion des lumières qui peuvent amener à la vérité ; ne violenter la conscience de personne, et empêcher que les contestations religieuses ne dégénèrent en désordres.

De son côté, la minorité ne doit pas avec turbulence attaquer les opinions de la majorité.

XLII

Sur l'intolérance de l'Église.

On dit : l'Église catholique est essentiellement intolérante dans sa doctrine. Ses principes d'infaillibilité et d'immobilité sont incompatibles avec les idées de progrès. Elle proscrit la liberté de conscience, celle de la presse et de la parole ; celle de l'enseignement etc., c'est-à-dire toutes les libertés proclamées en 1789. Si on suivait ses errements, elle nous ramènerait à l'Inquisition et aux bûchers. Combattons à outrance cette ennemie du progrès.

Les violences toujours condamnables le sont surtout en des sujets où l'on doit employer la persuasion et la douceur. Les potences et les bûchers dressés par un parti ne sont pas plus aimables que les potences et les bûchers dressés par un autre.

Expliquons donc en quel sens l'Église peut se dire infaillible et intolérante. Qu'on nous permette une comparaison.

Nous avons vu que le monde physique est régi par des lois infaillibles et immuables fondées sur une raison souveraine : *Præceptum dedit et non præteribit.* Cette immutalité parfaite des lois et des essences des choses (*Immutabiles sunt essentiæ rerum*), n'empêche pas qu'il ne se produise dans la matière des évolutions ou révolutions qui la tiennent en un continuel mouvement. Rien n'est stable sous le soleil ; aucun atome ne demeure absolument fixe deux instants de suite. Nous changeons et améliorons le sol, et nous pouvons, par un travail progressif, renouveler la face de la terre.

De même pour les principes religieux. Dans leur essence, ils doivent être immuables. Car si ce que la Religion enseigne sur Dieu et sur ses rapports avec l'homme est vrai, ce doit l'être toujours. Quelle confiance mériterait une Religion qui se disant divine changerait de dogmes et de principes ?

Proudhon, il est vrai, a prétendu que l'Église, comme un roseau, a toujours plié sous la tempête ; qu'elle ne s'est maintenue qu'en accueillant toutes les innovations et se les assimilant ; que toujours vaincue par les novateurs, elle a grandi par sa faiblesse et ses défaites.

Cette assertion est inexacte. L'Église a pu modifier le formulaire de son culte extérieur, ses rites, ses cérémonies, sa discipline; convertir en fêtes chrétiennes les fêtes des païens, *christianiser* des temples et des sanctuaires idolâtres, ne pas contredire certains entraînements pieux, faire aux temps, aux lieux, aux mœurs, aux peuples, les concessions compatibles avec la rigueur des dogmes catholiques.

Mais, quant à ces dogmes eux-mêmes, ils n'ont jamais changé. Le symbole des apôtres, celui de saint Athanase, celui de Nicée, développement des mêmes principes, sont encore le symbole de l'Église catholique.

La variété, dans les manifestations du culte, n'empêche pas l'unité du dogme, pas plus que, dans la nature, la variété des phénomènes n'empêche l'unité du plan et la constance des lois physiques.

Cette immutabilité des dogmes religieux ne saurait être un obstacle aux changements et aux progrès qui améliorent le sort de l'homme. Nous verrons que ces progrès s'en déduisent naturellement.

XLIII

Sur l'infaillibilité de l'Église et du pape.

Constatons d'abord le spectacle qu'offre l'Église

catholique au milieu des divergences religieuses qui se partagent le monde. On y voit plusieurs millions d'hommes répandus sur la terre entière, ayant tous la même formule de foi. Ils sont sous la surveillance d'une hiérarchie qui, sans rien innover, conserve purs, et, au besoin, interprète les dogmes reçus dès l'origine. En tête de la hiérarchie est un chef électif, qui en est la plus haute expression, et dont les décisions sont considérées comme infaillibles, quand il les rend d'accord avec l'épiscopat; ou même quand il les rend seul dans certaines conditions définies par les Canons.

L'État, sans doute, abandonnerait exclusivement aux discussions des théologiens les questions relatives à l'infaillibilité; il ne s'en inquièterait pas, si dans leur excès de zèle religieux, certains catholiques ne voulaient pas étendre au temporel la juridiction et l'infaillibilité de l'Église et du pape.

C'est cette prétention qui de tout temps a soulevé les récriminations des juristes et les revendications des Parlements.

Examinons, sans prévention, ces questions brûlantes.

XLIV

Si elle doit s'étendre au temporel.

On convient que le pape, qui s'intitule lui-même le *Serviteur des serviteurs de Dieu*, quoique vicaire de Jésus-Christ, est sujet à pêcher ; qu'il n'est infaillible ni en astronomie, ni en stratégie, ni en matière de sciences physiques et chimiques, d'industrie et de finances, d'agriculture, de peinture, de statuaire ; et quand on parle du pape, on peut en dire autant des évêques et des prêtres qui sont ses collaborateurs ; ils peuvent avoir sur ces sujets des notions spéciales, mais nullement en tant qu'ecclésiastiques.

Or, les objets qne nous venons d'énumérer plus haut, sont le propre aliment de la vie civile, de la politique et du pouvoir temporel. Sur aucun de ces objets, ni les prêtres, ni le pape, ni l'Église ne revendiquent aucune infaillibilité. Ce n'est pas au pilote de la barque de Pierre que l'on confierait la direction d'un simple vaisseau marchand, mais à un homme du métier.

Or, encore une fois, ce sont les questions de marine, de commerce, d'agriculture, d'économie financière, de guerres, de voies de communication, de sciences et d'arts, de relations internationales, qui font les constantes préoccupations du pouvoir politique et temporel. L'infaillibilité de l'Église n'intervient point ici. Elle reste circonscrite dans la théologie qui est son domaine, et laisse le monde auxlibres discussions et investigations.

Ainsi, qu'au point de vue du dogme et de la morale catholique, on discute sur l'infaillibilité du pape, sur son caractère, ses limites, ses conditions d'être, c'est l'affaire de l'Église et des personnes versées en théologie. Mais si l'on prétendait proclamer cette infaillibilité au temporel, on aurait pour contradicteurs tous les gouvernants et jusqu'au Conseil municipal de la plus petite commune. Ils se dresseraient pour dire aux prêtres : Occupez-vous de vos fonctions spirituelles et sacerdotales, et laissez aux administrateurs civils ce qui est de leur domaine. Voilà ce que répondrait la grande masse des légistes, d'ailleurs très catholiques. Il n'est pas besoin de dire qu'elle serait là-dessus l'opinion des protestants, des juifs, des musulmans et de tant d'incrédules, qui, membres de la cité, doivent participer aux charges comme aux avantages de la communauté.

Aussi, dans tous les temps, en France, on a considéré comme une *Maxime d'État* constante que la puissance ecclésiastique n'avait aucun droit, ni direct ni indirect sur le temporel, entendu comme nous venons de le définir.

Des catholiques ultramontains ont soutenu d'autres thèses. Mais l'État n'a jamais accepté leurs théories, même sous les princes les plus pieux.

Ces prétentions exagérées n'ont fait qu'irriter l'opinion.

« Souvent, dit d'Héricourt (1), en voulant « porter au delà des bornes une puissance « légitime, on en affaiblit l'autorité dans l'esprit « des personnes qui ne savent pas distinguer « ce qui est de droit d'avec ce que les hommes « ont imaginé par complaisance. »

. . . .

XLV

Des causes de l'intolérance.

Sans doute, les questions de religion se mêlent subtilement aux questions temporelles. Les lois civiles reflètent souvent les opinions religieuses du plus grand nombre.

Protagoras fut chassé d'Athènes pour avoir mis en doute l'existence des dieux, et Socrate condamné à mort sous prétexte d'impiété.

« Que n'étais-je là avec mes Francs ! » s'écria Clovis, entendant prêcher la passion.

Nos anciens règlements de police communale portaient que les blasphémateurs obstinés auraient la langue percée avec un fer chaud.

Ainsi dans bien des circontances, et chez beaucoup de peuples anciens et modernes, les lois civiles ont exigé, par la contrainte, l'obéissance aux lois religieuses.

---

(1) L. d'Héricourt : Lois ecclésiastiques de France. Paris 1743. in-folio. part. A. P. 43-88-110 et suivantes.

Rappelons-nous les tribunaux espagnols de l'Inquisition, où le pouvoir civil prêtait la main pour la recherche et la punition des hérétiques et des infidèles.

« Cette Inquisition fait peur même aux catholiques des autres pays » dit Silhon, dans l'épître dédicatoire au cardinal de Richelieu déjà citée.

La France, qui vit naître cette institution à l'occasion des sectaires Albigeois, ne tarda pas à la repousser absolument.

« Bien loin que les décrets de l'Inquisition « et de l'Index aient quelque autorité parmi « nous, il n'est pas même permis de les publier. » (A. 62. d'Héricourt).

En ceci le mobile de nos rois était moins l'esprit de tolérance que la crainte de voir une autorité autre que la leur s'ingérer dans la police du royaume. Ils eurent d'ailleurs la main assez dure en matière de persécutions.

Aujourd'hui on a peine à comprendre ces rigueurs de la loi civile contre la liberté de conscience. Mais il faut prendre la question de plus haut et mettre à nu quelques-uns des mauvais côtés de l'humanité.

Remarquons premièrement l'instinct de férocité originellement répandu parmi les hommes. Voyez les peuplades sauvages ; malheur à l'étranger, s'il n'est pas à même de se défendre; les cannibales le mettent en pièces et s'en font un festin. La Bible prescrit de ne pas manger d'un animal qui vit encore ; preuve qu'on pratiquait chez les voisins ce genre de cruauté (c'est le terme propre, *cruor*, sang cru, vivant).

Cet instinct de férocité joint à la superstition portait à immoler des victimes humaines, soit aux dieux, soit aux mânes des héros pour les apaiser (Tyr, Carthage, Grèce, Gaule), dans les grandes calamités surtout (Iphigénie, Codrus, Décius), etc.

Unė victime expiatoire qu'on sacrifiait de préférence, c'était l'étranger, ὅς τὶς opposé à *hospes*, d'où *hostis*, ennemi, et *hostia*, victime. Achille immole douze jeunes et beaux troyens sur le tombeau de Patrocle.

Mais quelle immolation plus méritoire que celle de l'ennemi des dieux ! Dès qu'un homme était réputé coupable d'impiété, on en purgeait la terre.

Les superstitions populaires poussaient à de suprêmes injustices. Les Athéniens punirent de la peine capitale dix généraux qui rentraient vainqueurs, mais qu'une tempête avait empêché d'enterrer leurs morts.

Les mœurs actuelles portent à abréger le supplice des condamnés. Autrefois on s'étudiait à leur faire épuiser la somme de douleur, la plus longue et la plus forte. Chez tous les peuples et sous tous les climats, il y avait des supplices affreux (1). L'abolition de la torture date à peine de cent ans. Les sauvages Iroquois et Hurons étaient moins barbares que certains tribunaux réputés civilisés.

Des excès de tout genre : assassinats, pillages, dévastations, massacres, profanations d'objets sacrés et vénérés, et autres vexations attisaient les haines entre races, nations, familles, sectes. Les Maures vainqueurs imposaient aux Espagnols un tribut annuel de cent jeunes filles. On sait avec quel mépris les Musulmans traitent les *chiens* de *chrétiens*.

Les vengeances et représailles étaient atroces. La loi du talion : *Œil pour œil, dent pour dent,* semble une indulgence devant la maxime (pratiquée par Sylla) : *Faire à ses ennemis* le *plus de mal possible*. Que ne puis-je de mes dents lui dévorer le foie, dit Hécube en parlant d'Achille. Hérodote raconte qu'une mère, dont le fils avait été tué au siège d'une ville, obtint du vainqueur qu'on couperait les seins à toutes les femmes de la malheureuse cité.

Qui ne connaît le goût passionné des Romains pour les spectacles sanglants du cirque.

Scipion Émilien, contemplant du haut d'une

(1) Voir *Les Crimes et les Peines dans l'antiquité et dans les temps modernes*, par J. Loiseleur, 1863.

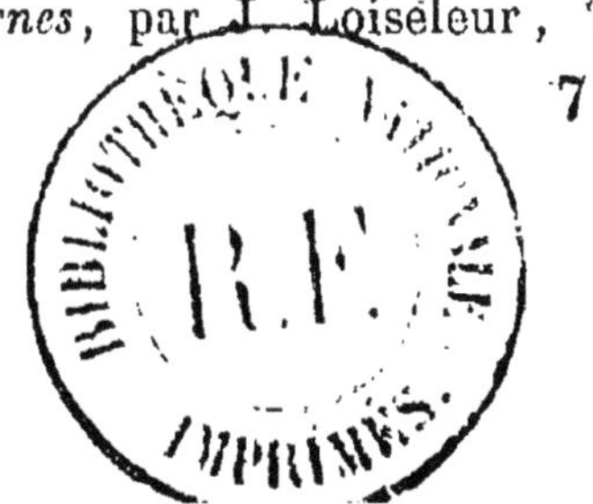

colline une horrible bataille entre Numides et Carthaginois, disait qu'il avait joui d'un spectacle digne des immortels.

Il y a des curieux qu'attire la *sublime horreur du canon*. Et de nos jours on a soustrait aux regards des foules les exécutions capitales, tant il y avait de férocité cynique parmi les assistants.

Souvent les passions politiques et les intérêts privés ont pris le masque des intérêts religieux. Les Anglais, pour se venger de Jeanne d'Arc, la font déclarer hérétique et relapse. Le massacre de La Saint-Barthélemy se fit au nom de la Religion. Mais Charles IX, qui en donna l'ordre, était si loin d'être fanatique, qu'il disait en parlant des résistances du pape au mariage d'Henri de Navarre, alors huguenot, avec la catholique Marguerite de Valois : « Si le pape fait trop la bête, « je prendrai moi-même Margot par la main « et je la mènerai épouser en pleine prêche. »

Il faut, néanmoins, convenir qu'il y a eu à toutes les époques, et partout, au Nord comme au Midi, à l'Orient comme à l'Occident, de vrais fanatiques qui se sont livrés aux excès d'intolérance les plus odieux.

C'est la pique et la torche à la main que beaucoup de novateurs et de sectaires cherchèrent à propager leurs idées.

Calvin, hérétique, fait brûler à Genève Michel Servet, pour crime d'hérésie.

Païens et juifs, chrétiens et mulsumans, luthériens, anglicans, catholiques et schismatiques, orthodoxes et hérétiques ont tour à tour exercé, les uns sur les autres, des violences extrêmes.

Des peuples entiers qui furent vaincus dans ces luttes, après plusieurs siècles, se débattent encore sous le genou de leurs anciens vainqueurs.

Ces rigueurs ont varié selon le génie et le tempérament des chefs de secte, des princes et des rois. Citons un exemple :

Philippe II, roi d'Espagne, après sa victorieuse campagne de France, rentrant à Valladolid, sa ville natale, demanda à l'inquisiteur la satisfaction d'un *Auto-da-fé*. On procura quarante victimes, presque tous prêtres ou religieux. L'un des condamnés, don Carlos de Sésa, s'approcha du roi et lui dit : « Comment, seigneur, souffrez-vous qu'on brûle tant de malheureux ? » — « Mon horreur, pour vous est telle, répondit le monarque, que s'il manquait de bourreau j'en servirais moi-même ; et si mon fils était suspecté d'hérésie je le livrerais à l'Inquisition. » (1).

(1) Et de fait, son fils don Carlos gît sans tête dans un court cercueil de plomb. On ignore quelle a été sa mort. Ajoutons quelques traits qui caractérisent ce type du despotisme hautain et intolérant.

Philippe II, terrible même pour ses meilleurs servi-

Quelle tolérance attendre d'esprits ainsi trempés ? Et il en fourmille dans tous les camps, dans tous les partis, dans toutes les sectes.

Cependant le fanatisme de Philippe II, non plus que celui de Charles-Quint son père, ne les avait pas empêchés de guerroyer contre le pape, de laisser leurs reîtres saccager pendant neuf mois la capitale du monde catholique, et de s'allier avec Henri VIII « qui ne respirait contre le pape que feu et vengeance. »

D'autre part, on vit François 1er, dans un intérêt d'équilibre européen, associer ses flottes

teurs, fit trancher la tête au comte d'Egmond qui lui avait gagné la bataille de Gravelines. Un jour, le duc d'Albe, son plus fameux général, étant entré dans son cabinet sans être introduit, Philippe lui dit en le foudroyant du regard : une hardiesse telle que la vôtre mériterait la hache.

Maître des trésors de l'Amérique, actif, rusé, entreprenant, et d'une indomptable fermeté, Philippe II fut le plus puissant monarque de son époque. Pendant 44 ans, ce *Démon du Midi*, du fond de son cabinet, remplit le monde de ses guerres et de ses intrigues. Il aspirait à la monarchie universelle que lui avait promise le philosophe astrologue Campanella. « Henri IV, en un quart d'heure, par son abjuration, lui fit perdre la France. » Philippe II, au lieu de se réjouir de cet acte en bon catholique, fit tous ses efforts auprès du pape pour l'empêcher d'accepter cette abjuration. Ainsi sa politique prédominait sur ses croyances.

avec celles de Soliman, et plus tard le cardinal de Richelieu soutenir les protestants à l'étranger, et les combattre en France.

Nous citons des faits anciens, classiques, indéniables, ne voulant pas puiser dans l'histoire contemporaine, de peur d'éveiller des appréciations passionnées.

C'est assez pour démontrer que dans les guerres et les persécutions religieuses, la férocité des mœurs, les haines, les préjugés, le fanatisme, les passions politiques, publiques et privées se sont donné, dans tous les temps, ample carrière, même sous le couvert d'une Religion qui a pour base essentielle de son code l'amour du prochain.

Mais tout comme nous devons dégager les principes libéraux et démocratiques des crimes et des erreurs qui les ont souillés, de même il faut séparer les principes religieux des fanatismes, des intolérances et des passions malsaines qu'on y a mêlées.

XLVI

Empiètements de l'Église sur l'État.

Que penser des entreprises du pouvoir spirituel sur le temporel ?

Dans le moyen âge surtout, au milieu du désordre universel, quand des princes puissants violaient les plus saintes lois et les droits les plus sacrés de l'humanité, ne connaissant d'autre règle que leur caprice, les papes élevèrent la voix en faveur de la justice. Ils se firent tribuns, dit Chateaubriand ; ils tentèrent au nom de l'Évangile de réprimer les abus des pouvoirs dominants.

La puissance ecclésia tique réussit à adoucir bien des barbaries dans des temps abominables ; elle établit la *Trève de Dieu*, et fit dans beaucoup de circonstances respecter la justice et la morale.

Montesquieu attribue l'amélioration des mœurs et des lois sous le bas-empire à l'influence d'une Religion « plus réprimante que ne l'était celle des païens. »

Les papes allèrent jusqu'à déposer les princes rebelles à leurs injonctions. Mais alors ceux-ci se retournèrent contre les papes dont quelques-uns eurent à subir d'extrêmes violences. « C'est pour avoir aimé la justice et détesté l'iniquité que je meurs dans l'exil, » disait le grand réformateur Grégoire VII.

L'homme répugne naturellement à la contradiction. Entraîné par la passion, il s'irrite contre la vérité. Darius met à mort un habile général grec qui lui démontrait en quoi l'armée Perse avait à redouter celle d'Alexandre. Celui-ci livre aux supplices Callisthène qui n'admettait pas que le conquérant fut un dieu. Un noble battait son confesseur quand il refusait de l'absoudre. Henri VIII se brouilla avec le pape qui n'approuvait pas ses caprices de *Barbe-bleu.*

Mais quelles haines devaient susciter chez les puissants du monde les entreprises du pouvoir ecclésiastique, s'ils étaient convaincus qu'il était poussé par des motifs purement humains ? Et qui oserait affirmer que des chefs de l'Église, agissant au temporel, et sur ce point faillibles comme le commun des hommes, ont été exempts d'erreurs, de passions, d'ambition, de préjugés, d'excès de zèle ?

Il y eut donc, entre certains princes et l'Église, des luttes formidables. « Les entreprises de la « puissance ecclésiastique contre le pouvoir civil, « dit d'Héricourt, amenèrent des troubles, des « guerres affreuses, de la confusion, des désor- « dres dans l'Église et dans l'État. »

En face des papes voulant contraindre les souverains au civil s'élevèrent des monarques papes, c'est-à-dire des rois s'instituant eux-mêmes chefs de la Religion dans leurs États. (Allemagne, Angleterre, Russie, etc.)

Si le Pape se fait César, César se fait Pape, confondant dans sa personne les deux juridictions et cherchant à imposer par le glaive, au nom du ciel, des ordres iniques et arbitraires.

Cette fusion des deux pouvoirs, spirituel et temporel dans les mêmes mains, constituait les anciennes théocraties de l'Inde, de l'Égypte, de la Judée, de la Perse, de la Chaldée. Plusieurs rois se firent rendre les honneurs divins.

Les Césars de Rome cumulèrent les deux majestés divine et impériale, *Divus Augustus, Divus Imperator*. Les Romains mettaient au rang des immortels des monstres que la terre ne pouvait plus supporter. Armé du double glaive, le despote avait tout droit et tout pouvoir. Il était la loi vivante, *lex viva. Sic volo, sic jubeo, sit pro ratione volontas*. Esclaves ou sujets n'avaient que le devoir de subir son caprice.

De tous les théocrates ceux qui réunirent dans la même personne les deux pouvoirs avec le plus d'autorité furent Mahomet et ses successeurs. On sait quel peu de cas fait la loi musulmane des droits de l'homme et du citoyen.

A la vue des attentats commis contre la liberté humaine au nom de la Religion, mal entendue, coalisée avec le pouvoir civil, Proudhon, enveloppant toutes les religions dans une malédiction commune, ne s'est pas contenté de dire : Votre Dieu n'est pas le Dieu de justice; mais dans son algèbre paradoxale, renversant les termes positifs en termes négatifs, il a attaqué la notion de Dieu qui, aux yeux des chrétiens, est la raison souveraine et éternelle, l'équité, la justice, la vérité, l'ordre, la bonté, l'amour dans leur source même; il méconnaît tous ces attributs; il fait de la notion de Dieu le synonyme de tyrannie, comme le Satan de Milton. Et tandis que les théologiens prennent Satan pour le génie du mal Proudhon prend Satan pour le génie de la liberté. Et poussant jusqu'au délire cette rhétorique d'antithèses, il ajoute : « Viens, « Satan, viens, toi, le calomnié des prêtres et « des rois,... que je te presse sur ma poitrine... « Tes œuvres ne sont pas toujours ni belles ni « bonnes, mais elles donnent un sens à l'univers. « Que serait sans toi l'homme ? une bête. » (1).

Ainsi en mêlant la Religion aux passions politiques on s'expose à faire mettre sur son compte les erreurs, les méfaits, les iniquités du pouvoir civil ; à renverser toutes les notions de bien et de mal, à les confondre ensemble ou plutôt à mettre le mal à la place du bien.

XLVII

Sanction purement morale de la loi religieuse.

On ne saurait trop insister sur ce point :

Il est essentiel de distinguer les deux juridictions. Il faut considérer qu'il y a loin des préceptes et des conseils de la loi évangélique aux prescriptions de la loi civile, et surtout de la sanction simplement morale qu'invoque la première, avec les pénalités matérielles qu'inflige la seconde.

Saint Ambroise pouvait interdire à Théodose

(1) Proudhon, t. III, p. 540.

l'entrée de l'Église comme meurtrier de toute une population. Mais il se serait gardé de lui imposer une peine civile.

L'Évangile recommandant la douceur dit : Si l'on vous frappe sur une joue ne rendez pas l'injure, mais plutôt tendez l'autre joue et laissez à Dieu le soin de la vengeance. Recommandation admirable au point de vue religieux, mais dont aucun tribunal civil ou militaire ne pourrait faire sa règle de conduite.

XLVIII

Des sévérités de l'Église contre la presse, etc.

Prenons pour exemple la liberté de la presse, de la parole et de l'enseignement.

L'Église ne peut que réprouver les licences hostiles à sa doctrine ; elle ne peut pas approuver ce qui est, à son sens, mensonge et erreur.

Elle ne peut pas dire : les actes humains me sont indifférents. Pensez, parlez, écrivez comme il vous conviendra ; enseignez ce qu'il vous plaira, donnez carrière à toutes les aberrations de votre pensée et de vos instincts. Une foi religieuse qui professerait un tel *laissez faire*, *laissez passer*, abdiquerait toute autorité.

Platon lui-même, le philosophe Platon, était plus intolérant que l'Église ; il n'admettait pas dans sa République des écrivains qui font notre admiration et qui faisaient aussi la sienne. Il voulait en chasser jusqu'au divin Homère en le couronnant il est vrai de lauriers pour son talent, mais il estimait qu'on ne pouvait tolérer ses passages tour à tour pour et contre la vertu et les dieux.

C'est que la muse du poète s'occupe plus de sa gloire que de la vérité. Beaucoup d'écrivains cherchent avant tout à se faire lire et à briller par leur esprit. Le mal qu'ils font les touche peu. Ils savent que les hommes

« De glace pour les vérités,
« Sont tout de feu pour les mensonges. »

Dès lors le mensonge est mis en scène de préférence.

Tant que les écarts littéraires ne sont que d'agréables fictions de l'art propres à peindre les mœurs et à délasser l'esprit, l'Église n'a point à y redire. Les grâces de la littérature ne lui sont ni étrangères ni antipathiques.

Mais il y en a qui ne reculent pas devant l'immoralité. Se complaisant dans la peinture du vice, ils l'offrent sous les couleurs les plus séduisantes, ils y poussent et deviennent de vrais corrupteurs.

Quelques-uns, pour faire du bruit, affectent de se jeter dans les paradoxes, sans considérer qu'ils peuvent égarer des têtes faibles ou irréfléchies.

Quand la morale ou les dogmes sont attaqués, l'Église ne peut pas rester indifférente ; elle manquerait à son devoir qui est de garder intacte sa doctrine.

Il plaît à Proudhon, dans l'intérêt de sa thèse, d'avancer « que pour entraîner les masses, l'Église posa au IVe siècle la divinité de son Christ, que ce Dieu, le Concile le donna (1). »

Or, en fait, tous les évangélistes et apôtres parlent du Christ comme fils de Dieu et Dieu lui-même. L'évangile de saint Jean débute par ces mots : « Au commencement était le Verbe, et le Verbe était Dieu et le Verbe s'est fait chair... » On citerait cent endroits des évangiles prouvant contre l'assertion de Proudhon que les disciples du Christ croyaient à sa divinité.

En dehors même de l'Église naissante, cette opinion était si répandue qu'au dire de Tertulien l'empereur Tibère ayant lu les rapports de Pilate proposa de placer au Panthéon de Rome l'image du Christ.

L'historien juif Josèphe parlant de Jésus dit : « c'était un sage, si toutefois il était simplement « un homme, tant ses œuvres étaient admirables « etc. » (2).

Le concile de Nicée n'a fait que condamner, comme une hérésie et une nouveauté parmi les fidèles, la négation de cette divinité.

---

(1) T. I. p. 21.

(2) Histoire des Juifs, L. 18, ch. 4.

Proudhon qui se dit voué à la justice aurait dû l'être à la stricte vérité.

On peut apprécier diversement les faits historiques, mais il n'est permis à personne de fausser l'histoire au point de dire contre les témoignages les plus irrécusables que les disciples du Christ ne croyaient pas à sa divinité et que ce dogme fut une invention du concile de Nicée.

Beaucoup de critiques sont pleins d'inexactitudes et de paradoxes du même genre sur les sujets religieux.

Il est clair que l'Église ne peut pas s'empêcher de condamner ces écarts.

Elle est pleinement dans son rôle en improuvant ce qui est contraire à son enseignement, et en tâchant de faire prévaloir ses principes.

XLIX

Ses principes doivent être acceptés librement et non par la contrainte de la loi civile.

Dans ce but elle doit employer la persuasion, exigeant cependant de la loi civile, comme c'est son droit, la protection que comporte le respect des croyances.

C'est en toute liberté que doivent être acceptés les préceptes et les conseils de l'Église. « Vous êtes, dit saint Paul, les enfants de la femme libre et non de la femme esclave », c'est-à-dire, vous devez vous porter au bien de votre libre et pleine volonté. « Celui qui n'accomplit la loi

« que par une crainte servile, disent les Décré-
« tales, est regardé de même que s'il ne l'ac-
« complissait pas. » (1).

L'Église voudrait-elle employer la contrainte qu'elle n'aboutirait point. Car comment pénétrer dans la conscience et empêcher quelqu'un devant l'autel de murmurer des blasphèmes au lieu de prier ? Comment forcer un pénitent à révéler un crime que lui seul connaît et qu'il veut cacher ?

De son côté, l'État doit empêcher toute violence qu'on pourrait exercer contre les cultes. Mais il ne doit par la contrainte imposer aucun dogme.

Les tribunaux civils ne peuvent pas appliquer la loi évangélique, ni obliger, par exemple, les plaideurs à s'entr'aimer, ni exiger des justiciables la charité entre eux, l'abnégation, le dévouement. Ils doivent aviser seulement à ce que le droit soit fait à chacun, quelles que soient sa foi et ses croyances.

Que le juif jure par la Bible, le musulman par le Coran, le chrétien par l'Évangile, peu importe à loi civile, pourvu que les engagements légalement contractés soient exactement tenus.

Le musulman fête le vendredi, le juif le samedi ; le premier s'abstient de vin, et le second

(1) D'Héricourt, *Lois ecclés. de France. Anal. des Décrétales, titre XLI g.*

de porc ; la loi civile n'a point à y contredire ; elle laisse à chacun le libre exercice de sa religion limité par les droits ou la liberté d'autrui et la sécurité publique.

Le pape Alexandre III permettait aux juifs de rétablir les anciennes synagogues ; il défendait de troubler l'exercice de leur religion (1).

Cette conduite n'est point en désaccord avec la doctrine de saint Thomas.

Ce grand théologien, après avoir rappelé les opinions de quelques intolérants, s'exprime ainsi :

« Mais au contraire, d'après saint Grégoire, « on doit laisser aux juifs la libre licence d'ob- « server et de célébrer toutes leurs fêtes, selon « que jusqu'ici eux et leurs pères les ont re- « tenues, les pratiquant par une longue suite « de temps. » Il veut qu'on laisse la même liberté aux hérétiques et aux infidèles. Dieu tout puissant et tout bon, dit-il, permet dans l'univers quelques maux qu'il pourrait empêcher ; ainsi doivent faire les chefs d'État, pour ne pas mettre obstacle à certains biens, et pour ne pas provoquer certains maux. Il faut éviter des scandales, des divisions ; ménager des conversions qui peuvent s'opérer peu à peu, etc. (2).

---

(1) D'Héricourt, *Anal. des Décrétales.*

(2) *Sed contra est quod in decret. distant. 45 cap. Qui sincera, dicit Gregorius, de Judæis Lib. II, Regist. epist. 15*

De nos jours, même à Rome, sous la royauté des papes, un rabbin dans la synagogue pouvait dire : le pape se trompe; le Messie n'est pas encore venu ; la doctrine catholique n'est qu'une longue erreur. Et le pape, roi de Rome et partant des juifs, bien qu'auteur ou promulgateur du Syllabus, tolérait ce langage, car il distinguait ce qu'il devait à la doctrine religieuse comme pape, et ce qu'il devait aux citoyens de ses États au point de vue de la liberté de conscience.

Ainsi les institutions civiles et les institutions religieuses peuvent vivre côte à côte, sans empiéter les unes sur le domaine des autres. Les premières protègent les droits et la liberté de conscience de chacun ; les secondes, par la persuasion, s'efforcent de faire pénétrer leurs doctrines dans les esprits.

L

Des Concordats.

L'État et l'Église peuvent-ils se passer l'un de l'autre ?

Il est clair qu'il a existé des sociétés civiles dans des contrées où le catholicisme n'était pas connu

in fin. Omnes festivitates suas, sicut hactenus ipsi et patres eorum per longa colentes tempora tenuerunt liberam observandi, celebrandique licentiam, etc. Summa Theol. secunda secundæ quæst. 10. Art. 11 utrum infidelium ritus sint tolerandi ?

et qu'il en existe encore où il n'intervient en rien dans le gouvernement.

L'Église peut être florissante dans des pays où l'État ne lui prête aucun appui spécial.

Mais la loi civile et la loi religieuse peuvent-elles se donner un mutuel secours ?

Des politiques éminents l'ont pensé. L'appui que Constantin et Clovis prêtèrent à l'Église ne lui fut pas inutile, non-seulement en ce qu'ils la protégèrent contre les violences des païens et des Ariens, mais encore par la puissance de l'exemple venu de haut.

D'autre part, l'Église en prêchant aux peuples, au nom d'un Dieu tout amour et justice, la pratique des lois et des vertus chrétiennes, rend plus facile la tâche des gouvernements qui ont moins à réprimer. Il est évident que si les citoyens d'un État s'inspiraient consciencieusement des préceptes du Décalogue, les tribunaux auraient à punir peu d'attentats contre les personnes, les familles et la propriété.

Tout au moins convient-il que les lois civiles et les lois religieuses ne soient point en lutte l'une contre l'autre, de manière à mettre en opposition les devoirs civils et les devoirs religieux.

De là sont venus certains accords, connus sous le nom de *Concordats*, réglant les limites des droits réciproques. Ces accords peuvent être variables selon les circonstances, perfectibles, susceptibles d'être changés ou abolis. Mais la sagesse et la prudence conseillent en ces matières de ne rien innover témérairement pour ne pas troubler la paix des consciences et la tranquillité publique.

L'abolition des Concordats peut avoir des inconvénients.

En France, par exemple, le pouvoir civil prendrait ombrage de l'Église si des évêques, nommés uniquement par le pape, et peut-être étrangers à notre pays, étaient mis à la tête des diocèses.

Aussi, c'était autrefois le chapitre local, et c'est aujourd'hui l'État qui, d'accord avec le pape, nomme les évêques.

Voici une autre difficulté. Si on abandonnait uniquement aux fidèles le soin de doter leurs églises respectives, il pourrait se produire de sérieux embarras. Ici tel clergé regorgerait de biens; là, au contraire, les populations pauvres manqueraient de secours spirituels. L'État donc a dû répartir les ressources par un budget spécial. Et la Constitution de 1848 a déclaré que les ministres des cultes reconnus par l'État seraient tous rétribués.

Remarquez que si l'on supprime le budget des cultes, il faut permettre à l'Église de posséder des biens en propre. Ceux-ci en s'accumulant pourraient renouveler des abus que l'institution de ce budget permet d'éviter.

Signalons un autre embarras. Certains législateurs considèrent le mariage comme un contrat ordinaire dont la loi civile peut nouer et dénouer le lien.

Or, d'après la doctrine de l'Église, le lien du mariage est sacré et indissoluble. Mais s'il n'y a pas entente entre la loi civile et la loi religieuse, il pourrait advenir que l'un des conjoints fùt marié civilement avec une personne et religieusement avec une autre ; situation d'où surgiraient de graves difficultés.

Quant au divorce, à volonté, ce serait la suppression du mariage civil ; il ne resterait plus que le mariage religieux ; et l'on sait à quels écarts contre la famille la passion peut entraîner, quand il n'y a plus qu'une contrainte et une pénalité purement morales.

On peut comprendre par ces trois exemples qu'une entente ou concordat entre les deux lois civile et religieuse est désirable, et combien il serait imprudent de déranger, sans motif sérieux, un ordre de questions aussi complexes et qui a été établi après de mùres réflexions et de longues négociations.

LI

De la séparation de l'Église et de l'État.

—

Église libre dans l'État libre.

Il y en a qui demandent la séparation de l'Église et de l'État.

Cette proposition est équivoque.

Pour certains, elle signifie que l'État ne doit tenir aucun compte des croyances religieuses ; qu'il ne doit aux cultes ni subvention ni protection ; qu'il doit dire à l'Église : Je ne vous reconnais en rien ; vous n'avez ni droit ni place dans ma cité ni dans ma législation.

Il y a même des sectaires qui voudraient que l'État se saisit des églises, temples et séminaires pour en user à sa fantaisie.

Si l'État prenait une telle attitude, il tiendrait pour nul et de nulle valeur un fait social important : le sentiment religieux, qui occupe une grande place dans les mœurs des nations.

Il supprimerait au gré de la loi civile toute manifestation extérieure du culte, nierait les droits des églises, et opprimerait la liberté de conscience.

Une telle prétention serait inadmissible ; elle révolterait l'opinion publique.

Il ne faut pas confondre le principe de la séparation ainsi entendu avec cet autre principe : *l'Église libre dans l'État libre.*

Cette dernière maxime signifie simplement

qu'à la manière de deux rouages, fonctionnant à côté l'un de l'autre, sans s'entraver, les lois religieuses et les lois civiles peuvent coexister sans se gêner. Au point de vue théorique, ce principe semble irrécusable.

Mais dans la pratique, il n'est pas aisé de préciser la limite des droits respectifs de chacun.

Car, dit avec raison Proudhon, « il n'y a pas d'exemple d'une société à la fois politique et religieuse dans laquelle le gouvernement et le sacerdoce n'aient entre eux des rapports intimes comme organes d'un même corps et facultés d'un même esprit. Avec toute la subtilité du monde, vous ne réussirez pas mieux à tracer une ligne de démarcation tranchée entre la religion et le gouvernement qu'entre la politique et l'économie politique (1). »

Et comme la piété peut avoir ses excès, et le pouvoir civil des exigences arbitraires, on s'est demandé qui doit poser les limites entre les deux juridictions.

Les théologiens, s'appuyant sur le principe de l'infaillibilité de l'Église, estiment que c'est à celle-ci à circonscrire son domaine théologique.

Soit.

Mais, en dehors de ce domaine, la vue des théologiens peut se troubler. Et comme disait Silhon déjà au temps du cardinal de Richelieu :

---

(1) *Du Principe fédératif*, p. 156.

« Dans la disposition présente des corps politi-
« ques.... où de l'intérêt de l'homme on fait si
« adroitement la cause de Dieu, il survient des
« occurrences si meslées qu'il est malaisé d'en
« faire la séparation ; de ne pas pécher contre
« l'Église ou contre l'État... si l'on n'a l'enten-
« dement fort espuré et la raison fort illuminée. »

Il n'y a donc pas trop de la double lumière du conseil temporel et du conseil ecclésiastique, ne serait-ce que pour établir des rapports de bon voisinage et tâcher de vivre en paix.

Le pape actuel Léon XIII, le 26 mai 1881, dans une allocution publique, s'est exprimé ainsi :

« L'Église catholique, dont les intérêts nous
« sont confiés, demeurant très étroitement fi-
« dèle aux préceptes et aux exemples de Jésus-
« Christ son fondateur, enseigne de rendre à
« Dieu ce qui est à Dieu et à César ce qui est
« à César.

« Aussi, tandis qu'elle reconnaît ouvertement
« que les régisseurs publics ont le droit d'ad-
« ministrer pour le bien commun les choses
« humaines et les affaires civiles, elle reven-
« dique une autorité libre et indépendante dans
« tout ce qui touche au salut des âmes. Dans
« les affaires, au contraire, qui relèvent de
« l'un et de l'autre pouvoir, elle tient pour
« excellente aussi bien pour le pouvoir religieux

« que pour le pouvoir civil, la solution qui naît « d'une entente amicale et d'une mutuelle con- « corde.

« D'où l'on voit avec combien de témérité « et d'injustice on prétend que l'Église veut « envahir les droits d'autrui et soustraire quoi « que ce soit au juste pouvoir des princes. »

Ces paroles doctrinales nous semblent résumer la question.

LII

Il n'y a pas opposition entre la loi religieuse et la démocratie.

Et maintenant, y a-t-il opposition entre les lois religieuses de l'Église et les lois civiles modernes qui règlent les droits et les devoirs du citoyen?

Nous n'en connaissons aucune. Rien de ce qui peut blesser la justice civile n'est prescrit par la loi religieuse. Celle-ci même a de plus grandes délicatesses, puisque la loi civile ne demande que la justice (*suum cuique*), c'est-à-dire son droit à chacun, et que la loi religieuse fait un devoir d'aimer même ses ennemis.

Y a-t-il opposition avec le principe de liberté? Mais l'Église n'attache de mérite qu'aux actes librement voulus.

Avec le principe des droits antérieurs et supérieurs aux lois positives?

La théologie reconnaît qu'il existe un droit naturel obligatoire pour tous les hommes. Saint

Augustin dit que les lois humaines n'ont rien de légitime qu'elles n'aient tiré de la loi éternelle pour se l'approprier. Saint Thomas dit que le droit naturel est immuable. *Naturale jus immutabile est. De legibus 351*. Saint Paul dit aussi : « Il faut que votre obéissance soit raisonnable. » *Rationabile sit obsequium vestrum.*

La loi religieuse est-elle opposée au suffrage populaire ?

Mais, après avoir énuméré les diverses formes de gouvernement, saint Thomas, (dont le pape actuel recommande l'enseignement théologique), dit en parlant du gouvernement mixte : « C'est « aussi une très-bonne forme de gouvernement « que celle où la loi est faite par les anciens « ensemble avec les populations (1). »

Il dit que les lois onéreuses n'allant pas au bien commun, mais plutôt à la cupidité et à la gloire du chef, ou répartissant inégalement les charges, ne sont pas des lois, mais des attentats.

Et encore « Un gouvernement tyrannique, « c'est-à-dire qui se propose la satisfaction per- « sonnelle du prince et non la félicité commune « des sujets, cesse même par cela d'être légiti-

---

(1) *Est etiam aliquod regimen ex istis commixtum quod est optimum, et secundum hoc sumitur lex quam majores natu simul cum plebibus sanxerunt. De legibus questio XCV, art. 4.*

« me. Ainsi le professe Aristote au troisième « livre de la morale et de la politique. Dès lors « le renversement d'un semblable pouvoir n'a « pas le caractère d'une sédition, à moins qu'il « ne s'opère assez de désordres pour causer plus « de maux que la tyrannie elle-même. Dans la « rigueur des termes, c'est le tyran qui mérite « le nom de séditieux, en ménageant des divi- « sions parmi le peuple, afin de se ménager « un despotisme plus facile. »

Le célèbre jésuite Suarez dit que « le pouvoir « souverain ne réside pas dans une personne « seule ni dans une réunion de personnes, « mais dans le peuple entier ou dans le corps « de la communauté; et que tel est l'avis non « seulement des théologiens, mais encore des « jurisconsultes (1). »

Aristote avait dit en effet, que « la loi est un « commun accord de la cité prescrivant comment « il faut faire chaque chose. » (Rhétoriq. à Alexandre, chap. II.)

La Religion répugne-t-elle à l'égalité et à la fraternité ?

Mais elle a pour principe que les fidèles sont tous frères, tous membres et cohéritiers du

---

(1) *Non est hoc potestas in una personna; neque in peculiari congregatione; sed in toto perfecto populo seu in corpore communitatis.* (*De laïcis, t. III.*)

Christ, ne faisant qu'un seul corps avec lui. Au pied de l'autel et dans tous les actes religieux, le pauvre est à côté du riche, sans autre différence, au point de vue théologique, que la plus ou moins grande pureté de conscience. Le denier de la veuve est aussi apprécié que le million du riche.

Jamais philosophie ancienne ou moderne n'a rêvé des principes de plus parfaite égalité.

L'Inde, qui contient les métaphysiciens les plus subtils du monde et dont quelques écrits sont si beaux que l'on a voulu en faire dériver l'idée chrétienne (1), sépare au contraire les hommes en castes de nature pour ainsi dire incompatible, et ne pouvant se mêler sans violer les plus saintes lois. Car les premiers légis-

---

(1) Voici les qualifications de la divinité suprême, traduites littéralement des livres sanscrits.

« Dieu, auteur ou principe de toutes choses, éternel, « immatériel, présent partout, indépendant, infiniment « heureux, exempt de peine et de soucis, la vérité pure, « la source de toute justice ; celui qui gouverne tout, qui « dispose de tout, infiniment éclairé, parfaitement sage, « sans forme, sans figure, sans étendue, sans nature ; « sans nom, sans caste, sans parenté ; d'une pureté qui « exclut toute passion, toute inclination, toute compo- « sition. » (Dubois, T. 1. p. 419.)

Hâtons-nous d'ajouter que les sectes religieuses dans l'Inde sont infinies.

lateurs de l'Inde, convaincus qu'il fallait diviser le travail social, inculquèrent profondément dans l'esprit des indigènes que les prêtres (gens de doctrine), étaient sortis de la tête de Brama ; les guerriers de ses épaules ; les laboureurs et commerçants de son ventre ; les artisans de ses jambes ; les parias avaient une origine encore plus basse. C'était donc le comble du sacrilège de mêler des castes si différentes (1).

Combien autre est la doctrine de saint Thomas ? « On ne lit point, dit-il, que le Seigneur ait « fait au commencement deux hommes, l'un « d'argent pour être le père des nobles, l'autre « de fange pour être le père des roturiers. Mais « il en fit un de la même argile par qui nous

---

(1) On peut juger du soin que mettent les brames à maintenir le respect des castes, d'après l'enseignement suivant :

« Celui qui tuera la vache d'un brame ira après sa mort en enfer, où il sera dévoré sans cesse par des serpents et tourmenté par la faim et la soif. Après des milliers d'années d'horribles souffrances, il passera sur la terre dans le corps d'une vache et restera dans cette condition autant d'années que la vache qu'il a tuée avait de poils sur le corps. Enfin, il renaîtra paria et sera affligé de la lèpre l'espace de dix mille ans. »

Que serait-ce si l'on frappait un brame, personnage si saint qu'il n'est pas permis de fouler son ombre sans profanation ?

« sommes tous frères… D'une même souche deux « hommes pourront naître ; l'un vilain, l'autre « noble ; l'un, comme la rose, fera du bien « autour de lui, celui-là sera noble ; l'autre, « comme l'épine déchirera celui qui l'approche, « celui-là sera vilain… La véritable noblesse est « celle de l'âme. »

Les anciens philosophes ne concevaient pas que la société pût exister sans esclaves. Dans le premier livre de la politique (chap. 4 à 6), Aristote dit que les hommes libres et les esclaves le sont de nature ; les uns, nés pour commander ; les autres, pour obéir. Il se demande si l'esclave étant la chose et l'instrument d'autrui est doué d'un libre arbitre. Le philosophe hésite et se débat entre le cri naturel de sa conscience et les pratiques de son époque.

Chez les Romains l'esclave ne comptait pas comme personne, mais comme chose. Si le maître mourait de mort suspecte et violente, une loi voulait qu'on mît à mort tous ses eslaves. En fait de droits l'esclave était encore plus nul qu'il n'était abject. *(Minus vilis quam nullus.)*

Ce sont les principes de fraternité chrétienne qui, se réflétant peu à peu dans les mœurs et les opinions de la société civile, ont amené l'abolition de l'esclavage.

C'est des juifs ou des chrétiens, dit l'historien profane Lampridius, qu'Alexandre Sévère prit cette maxime : « Ne fais pas à autrui ce « que tu ne voudrais pas qu'il te fût fait. » Il la trouvait si belle qu'il la faisait publier à son de trompe, et inscrire sur les monuments publics.

LIII

Si l'Église est opposée à la diffusion des lumières.

Il y en a qui accusent la religion de se complaire dans l'ignorance et d'empêcher la propagation des lumières.

Il est vrai que les religions indiennes, égyptiennes et grecques confinaient dans les temples leurs secrets qu'elles réservaient aux initiés. Les philosophes avaient leurs adeptes. Alexandre reprochait à Aristote de divulguer ses doctrines, et celui-ci s'en excusait en disant qu'il enveloppait d'obscurité son enseignement exotérique.

Mais dès l'origine, l'auteur de l'Évangile dit à ses disciples : « Allez, enseignez les nations. » *Ite docete gentes*, c'est-à-dire, tous les peuples amplement, publiquement, sans distinction de castes, ni d'origine. Et ils le firent avec un esprit de prosélytisme jusque-là inconnu.

Au moyen âge les couvents furent l'asile des lettres, des sciences et des arts. Les travaux des bénédictins sont restés célèbres.

Le Concile de Latran tenu sous Alexandre III veut que dans chaque église cathédrale on donne un bénéfice à un homme habile pour enseigner gratuitement les clercs de son église et les pauvres qui se présenteront à son école. (*Cap. Quia nonnullis.*)

Voilà donc un Concile instituant en principe l'enseignement gratuit des pauvres, et devançant notre époque.

Clément V avait ordonné d'établir des profes-fesseurs d'hébreu, d'arabe et de chaldéen, dans les universités de Rome, de Paris (de là, le collège de France) d'Oxfort, de Boulogne et de Salamanque (1).

Clerc était souvent synonyme de lettré, et laïc d'illettré.

Aujourd'hui les établissements d'instruction publique, fondés par l'Église, s'étendent dans le monde entier.

On a reproché à l'Église d'avoir inquiété Galilée pour sa découverte du mouvement rotatoire de la terre autour du soleil.

Un prêtre irlandais, saint Virgile, mort évêque de Salsbourg en 784, avait déjà pressenti ce système. (Il fut canonisé par le pape Grégoire IX.)

Remarquons simplement que ce n'est pas l'Église qui a condamné Galilée, mais un tribunal ecclésiastique qui n'avait ni mandat ni qualité pour juger des questions astronomiques.

Vers la même époque le Parlement de Paris fut au moment d'interdire les philosophies de

(1) D'Héricourt, *Anal. des Décrétales.*

Descartes et de Gassendi et les découvertes de la physique nouvelle.

Boileau empêcha une condamnation réelle, en composant un arrêt burlesque, par lequel il était « fait inhibitions et défenses au sang de « circuler, errer et vagabonder dans le corps, « aux artères de le recevoir, au quinquina de « guérir les fièvres, à la dame Raison de s'in- « troduire dans les écoles, etc. »

Il faut tenir compte des opinions régnantes dans chaque siècle pour en apprécier les actes avec équité. Des découvertes qui sont aujourd'hui des vérités vulgaires passèrent d'abord pour de monstrueuses erreurs.

« Qui découvrit un nouveau monde?
« Un fou qu'on raillait en tout lieu. »

Il faut voir Plutarque se moquer agréablement de ceux qui supposaient déjà de son temps que la terre est ronde et qu'il y a des « Antipodes « qui habitent à l'opposite l'un de l'autre, at- « tachez de tous costés à la terre, mettant « dessus ce qui est dessous, et dessous ce qui « est dessus, comme si c'estoyent des artisons « et des chats qui s'attachassent à belles griffes... « Le point du millieu tournant en rond sus- « pendu d'une suspension perpétuelle et sans « fin... (1). »

---

(1) Plutarque. *De la face qui apparaît dedans le rond de la Lune.* (Trad. d'Amyot.)

L'humanité marche vers le progrès, mais non pas toujours en ligne directe et au pas de course. C'est souvent en boîtant, par des chemins obliques, meurtrie à la peine, au milieu des préjugés et des contradictions.

LIV

Sur le syllabus.

On a beaucoup parlé du Syllabus comme étant diamétralement opposé au progrès et à la liberté.

Nous avons lu avec la plus grande attention ce célèbre document, et nous estimons que malgré sa clarté, bon nombre de personnes l'interprètent fort mal.

Remarquons d'abord que le *Syllabus* (συν, λαβειν, résumé, assemblage ou, si l'on veut, *Syllabaire*, *ou b a, ba* des erreurs modernes), ne contient aucune proposition affirmative par laquelle il remplace celles qu'il condamne.

Le pape y fait simplement l'énoncé des assertions qu'il improuve et qu'il distribue dans une série de 80 articles, rangés en dix paragraphes.

Il serait trop long de les reproduire en entier. Nous nous contenterons d'en faire saisir la portée par quelques extraits saillants.

Le Syllabus estime fausses ou erronées les propositions suivantes :

Il n'existe aucune divinité suprême... distincte de cet univers... Tous les êtres... sont Dieu... Dieu et monde... esprit et matière... nécessité et liberté... vrai et faux, bien et mal, juste et injuste sont une seule et même chose. (Una eademque res est. Art. 1.)

Dieu n'exerce aucune action sur les hommes ni sur le monde.

La raison humaine se suffit par ses forces naturelles.

La foi du Christ est opposée à la raison humaine.

Les miracles et les prophéties sont des fictions poétiques.

La révélation n'est qu'un progrès de la raison.

Jésus-Christ lui-même est un mythe (mythica fictio. Art. 2 à 7.)

Tous les dogmes indistinctement (omnia indiscriminatim dogmata), *de la religion chrétienne sont l'objet de la science naturelle ou de la philosophie.* (Art. 8 à 14.)

Tout culte religieux conduit au salut éternel. (Art. 15 à 18.)

L'Église n'a pas de droits qu'elle ne tienne du pouvoir civil. (Art. 19 à 38.)

Elle n'a aucun droit naturel et légitime d'acquérir et de posséder, ni pouvoir d'employer la force, ni puissance temporelle aucune, directe ou indirecte. (Art. 24 à 26.)

L'État est la source de tous les droits (omnium

jurium origo et fons); *aucune limite ne les circonscrit.*

La doctrine de l'Église catholique est opposée au bien de la société humaine.

Les rois et les princes sont supérieurs à l'Église, quand il s'agit de trancher les questions de juridiction. (Art. 39 à 55.)

Les lois morales n'ont pas besoin de sanction divine...

Le droit consiste dans le fait matériel...

L'autorité n'est que la somme du nombre et des forces matérielles...

Il faut proclamer et pratiquer le principe de non intervention.

Tout est permis et digne d'éloge quand c'est fait par amour de la patrie. (Art. 65 à 74.)

Le mariage entre chrétiens n'est point un sacrement, mais un contrat purement civil. (Art. 56 à 64.)

On doit louer (laudabiliter) *l'introduction dans les pays catholiques de cultes autres que la religion catholique.*

Il est faux que la pleine liberté civile de tout culte, et le plein pouvoir accordé à tous de manifester ouvertement et publiquement toutes sortes d'opinions et de pensées, serve à corrompre plus facilement les mœurs des peuples et des âmes, et à propager la peste de l'indifférentisme.

Le pontife romain peut et doit se réconcilier

et entrer en composition (se reconciliare et componere) *avec le progrès, avec le libéralisme et avec la civilisation récente.* (Art. 77 à 80.) (Comme on ne réconcilie que des ennemis, c'est dire que le pape est ennemi du progrès moderne).

Voilà sans en rien affaiblir les principales propositions condamnées ou improuvées par le Syllabus.

Quelle que soit l'opinion du lecteur, il comprendra que l'Église ne peut les accepter dans toute leur extension et leur rigueur, car, par voie de conséquence, il faudrait admettre les maximes suivantes : — *Boue et Dieu est tout un. — Adorer un crocodile, un ognon, une pierre ou adorer un Dieu créateur revient au même. — L'opinion de l'homme est la seule autorité divine. — César et ses caprices sont la source légitime de toute religion. — L'Église n'a pas le droit de posséder même un sanctuaire, ni le droit naturel de légitime défense, ni celui de requérir la force pour en repousser la violation. — Ne vous mêlez jamais du voisin, tant pis si on l'égorge. — Parjures, crimes, scélératesses, tout est louable sous le prétexte de patriotisme. — Le mariage est un simple contrat civil comme un bail à ferme, résiliable à volonté. — Mettre aux mains du public des écrits immondes est chose indifférente aux mœurs, etc.*

Telles seraient, exprimées dans leurs brutales

conséquences, quelques-unes des propositions condamnées par le Syllabus.

On conviendra que non seulement l'Église, mais beaucoup d'honnêtes gens en dehors d'elle, doivent les réprouver.

Mais il y a des personnes qui, faussant la portée de cette improbation, supposent que le pape adopte le contraire des propositions qu'il improuve.

Ces personnes ne prennent pas garde qu'en logique contredire une assertion ne signifie pas affirmer celle qui lui est contraire, et que deux propositions contraires peuvent être fausses toutes les deux ; par exemple :

La liberté de la presse est toujours un bien. — La liberté de la presse est toujours un mal.

Ou encore : Les assemblées délibérantes ne se trompent jamais. — Elles se trompent toujours.

Intervenez toujours dans les affaires des voisins. — N'y intervenez jamais.

Entre ces assertions opposées, il y a place pour une assertion intermédiaire ou contradictoire qui est souvent l'expression de la vérité ; ainsi : Les majorités se trompent quelquefois. — La liberté ou licence absolue de la presse peut être nuisible. — Il faut quelquefois intervenir chez les voisins.

De ce que le pape déclare erronée une proposition générale, il ne s'ensuit pas toujours qu'il adopte comme vraie la proposition diamétralement opposée ; qu'il condamne toute liberté n'admettant aucune tolérance, voulant que le pouvoir temporel lui soit soumis même pour les affaires purement civiles.

Encore une fois le pape et l'Église peuvent et doivent improuver le mal, souhaiter que le bien se fasse, en recommander la pratique par leurs conseils, leurs préceptes, leur Syllabus. Qui peut équitablement les en blâmer ? En s'abstenant de signaler l'erreur, ils manqueraient à leur devoir.

Mais ils ne prétendent pas supprimer la liberté de mal faire. Ce pouvoir échappe à tout pouvoir humain.

Non pas que faire le mal soit un droit de nature ; mais telle est l'humaine faiblesse qu'on est souvent contraint d'en tolérer un moindre pour en éviter un plus grand. *Tolle meretrices*, disait saint Augustin, *et omnia humana turbaveris.*

Le pape donc peut, dans le Syllabus, indiquer ce qui lui paraît erreur dans les écarts d'un faux libéralisme. Mais ce document ne contient absolument aucune condamnation ni aucun blâme contre la vraie liberté et le véritable progrès.

Et la preuve, c'est que l'auteur du Syllabus avait lui-même, au début de son règne, inauguré à Rome le régime constitutionnel et poussé ce cri de réforme libérale qui eut dans toute l'Italie et dans le monde entier un retentissement et des conséquences irrésistibles.

L'Église d'ailleurs a pour maximes :

In certis unitas (dans la certitude unité);
In dubiis libertas (dans le doute liberté);
In omnibus caritas (envers tous charité).

Souvenons-nous qu'à moins de supposer l'homme parfait et impeccable comme la divinité, il faut tolérer bien des défaillances.

Mais tolérer n'est ni applaudir, ni approuver, ni absoudre.

QUATRIÈME PARTIE

EXAMEN DE QUELQUES POINTS DE CRITIQUE

LV

Exposé des idées de Proudhon sur l'incompatibilité entre la Révolution et l'Église.

Il convient ici d'examiner les allégations de certains publicistes qui prétendent qu'il y a incompatibilité entre les libertés humaines et les idées religieuses, ou comme dit Proudhon, entre la Révolution et l'Église.

Cet écrivain qui a excellé à montrer le vide de certains systèmes socialistes, et qui les transperce souvent avec une grande verve, a voulu ériger une théorie sociale en dehors de toute notion religieuse.

Il était fils d'un tonnelier et passa son enfance dans la liberté et les délectations « de petits travaux rustiques. » A vingt ans, sorti du collège, « l'hypothèque ayant dévoré le champ de son père », il devint correcteur d'imprimerie, et plus tard chef d'atelier.

Au milieu des difficultés de ces diverses situations, il fut frappé de l'inégalité des conditions sociales : les uns, sans avoir rien à faire, s'accordant toutes sortes de jouissances, et s'enrichissant aux dépens de malheureux travailleurs privés de tout. Ce fruit des labeurs du pauvre passant dans l'avoir du riche lui parut une révoltante injustice, il lâcha le fameux mot : *La propriété c'est le vol.*

Puis, songeant qu'on explique de si grandes anomalies en invoquant l'autorité d'un Dieu qui aurait établi des sorts si différents, donnant aux uns tous les agréments et privilèges, et commandant aux autres la résignation, il dit : Quoi ! c'est au nom de Dieu que vous consacrez l'inégalité et l'injustice ! Vous en faites l'auteur du désordre et du mal ! Votre Dieu joue le rôle de Satan !

Et il a cherché, en dehors de la notion de Dieu et même à l'exclusion et en opposition à toute religion révélée ou non, un principe certain, s'imposant aux hommes. Il a cru le trouver dans la notion de justice, « notion, dit-il, immanente chez tous. »

Selon lui, la Révolution, en proclamant l'égalité des citoyens devant la loi, a adopté le principe même de la justice.

Au contraire, les notions d'Église, de Religion, de Dieu, indiquent ou impliquent une autorité tyranniquement imposée, l'oppression, la suppression de la dignité humaine.

Il a donc opté pour le principe de la justice ou de la Révolution contre l'Église, et il déclare que ces deux principes sont en antagonisme, qu'ils sont incompatibles et inconciliables.

Creusant ensuite cette idée de justice, il lui donne toute l'extension qui se rattache au mot *juste*.

Il y trouve les notions de justesse, d'appropriation et de balancement des forces dans l'économie sociale comme dans les arts ; les notions de rapport légitime entre le travail et le salaire, en un mot, toute sorte de pondération, d'équilibre, d'équité, d'harmonie ; toutes les règles d'une organisation intelligente et d'une bonne direction à donner aux forces collectives de la société. Tout dans la nature se réduit à des équations. Dieu lui-même, dit-il, a créé le monde avec poids, ordre et mesure.

LVI

Critique de la théori de Prudhon.

Comment les hommes ne seraient-ils pas entraînés par un principe d'une si apparente légitimité ? Qui peut ne pas accepter une telle base sociale ?

Quelques simples comparaisons nous feront saisir à la fois les séductions et les défectuosités de cette théorie.

Il est certain que les diverses pièces d'un tonneau isolées servent à peu de chose , mais liées et ajustées dans un ensemble approprié elles constituent un meuble utile,

Une abeille seule périt, mais un essaim d'abeilles, dont chacune a sa fonction déterminée, subsiste admirablement et se perpétue.

Voyez ces deux enfants se balançant assis chacun au bout d'un levier horizontalement placé sur un point d'appui. Comme ils jouissent du plaisir de s'élever tour à tour, l'un aidant l'autre !

Ces trois images suffiront, je pense, pour effectuer notre démonstration.

Et d'abord, le tonneau est composé de pièces inertes. Un artiste les a jointes ensemble. Aucune d'elles n'a de volonté spéciale qui tende à rompre l'harmonie.

Peut-on en dire autant des membres d'une société civile, composée d'unités vivantes, dont chacune a sa volonté propre, souvent opposée aux autres, parfois violente, capricieuse, inconstante, bizarre. Tant de vues et d'opinions particulières se plient difficilement sous une règle commune. Il faut toute la rigueur de la discipline militaire pour contenir un bataillon dans l'ordre strict que nécessite la guerre.

Mais au civil, en politique, en économie sociale, que d'appréciations et de tendances diverses !

Danton, proscrit par les écarts d'une Révolution sanglante à laquelle il avait donné tant de gages, s'écriait avec un dépit amer : « il vaudrait mieux être gardeur de cochons que de se mêler de conduire les hommes ! »

« O liberté ! que de crimes on commet en ton nom ! » disait quelques mois auparavant une amante passionnée de cette Révolution, Mme Rolland, que des corévolutionnaires envoyaient à l'échafaud, parce qu'ils entendaient autrement qu'elle l'institution d'un état libre.

Deux jumeaux fondent Rome ; le fossé d'enceinte est à peine creusé que déjà l'un des frères a tué l'autre.

Tel homme, appelé aux assises comme juré, refuserait de condamner à mort le plus grand scélérat, et il tue en duel un ami. Et pourquoi, grand Dieu ? pour un manque d'égards vrai ou prétendu.

Concluons qu'il est difficile de faire concorder tant d'éléments discordants et d'appliquer aux êtres doués d'intelligence, de volonté, de liberté, de passions, le compas et l'équerre dont on se sert pour régler les mouvements de la matière inerte.

Les abeilles sont chacune dirigées par un instinct ; il est de leur nature de faire constamment ce qu'elles font, sans progrès comme sans perturbation dans la règle. Ce sont des bêtes.

Peut-on astreindre tous les hommes à une pareille organisation aux trois quarts mécanique ?

Où sont dans la société humaine ces masses d'individus neutres, exempts d'égoïsme, n'ayant ni sexe, ni famille propre et travaillant comme les abeilles et les fourmis, ardents, infatigables pour le bien de la communauté, sans jamais se distraire de leur œuvre. Et sans ces conditions comment appliquer à notre société le système économique des ruches et des fourmilières ?

Quant aux deux enfants qui se balancent, qui garantira leur exacte probité ? L'un ne fera-t-il pas quelque tort à l'autre ? n'abusera-t-il pas de sa force ou de son adresse ? ne se mettront-ils pas à deux contre un troisième ? et alors que deviendra l'équilibre ?

LVII

Si l'Église reconnait la loi naturelle.

Mais pénétrons au cœur de la controverse. Voici le grand argument de Proudhon contre l'Église.

— « La théologie et toute philosophie qui place la source de la justice dans un Être suprême, en dehors et au-dessus de l'homme, dégrade celui-ci, puisque, dans ce système, l'homme n'ayant pas en soi la notion de justice, ne saurait avoir ni sens moral ni liberté.

— « Le dogme de la chute et de la rédemption met l'homme au rang de la bête, puisqu'il implique l'incapacité de trouver en sa propre conscience la notion de justice. Ce dogme constitue l'homme esclave de l'autorité théologique. » (T. II, 76 à 79).

Proudhon se pose donc en champion incorruptible de la justice, de la liberté, de la moralité et de la dignité humaines.

Proudhon, pour se donner raison contre l'Église, évidemment, en dénature la doctrine.

Jamais la théologie n'a nié la loi naturelle, c'est-à-dire l'*innéïté*, l'immanence, si l'on veut, du sentiment du droit et du devoir dans la conscience humaine.

Les textes sont formels.

« Lorsque les nations qui n'ont pas la loi « (révélée), dit saint Paul, font naturellement « ce qui est de la loi... eux-mêmes sont à soi « la loi. Ils montrent l'œuvre de la loi écrite « en leurs cœurs, leur conscience leur rendant « témoignage, et leurs pensées entre elles s'ac- « cusant ou se défendant tour à tour. (1) » (Aux Rom. II. 14-15.)

La Glose, commentant ce texte, s'exprime en ces termes : « Si les Gentils n'ont pas la loi « écrite, ils ont cependant la loi naturelle, par

(1) *Cum enim gentes quæ legem non habent, naturaliter ea que legis sunt faciunt, ejus modi legam non habentes, ipsi sunt sibi lex. Qui ostendunt opus legis scriptum in cordibus suis, testimonium reddente illis consciancia ipsorum, et inter de invicem cogitationibus accusantibus ant etiam defedentibus onibus.*

« laquelle tout homme a l'intelligence et la « conscience de ce qui est bon et de ce qui est « mauvais (1). »

« Il existe chez les hommes, dit saint Thomas, « une loi naturelle, participation de la loi éter- « nelle, et d'après laquelle ils discernent le bien « et le mal (2). » Et encore : « c'est à la loi « naturelle qu'appartient la première direction « des actes humains (ibid.) »

On peut voir par ces textes si clairs et mille autres qu'on pourrait citer, que la théologie admet l'existence de la loi naturelle, en dehors de la révélation, et que jamais l'Église n'a ravalé l'homme au rang de la bête, incapable de sens moral.

D'accord avec la philosophie, elle reconnaît que l'homme est un animal raisonnable, et dès lors placé dans une sphère différente de celle de la simple animalité. Il s'élève à des hauteurs divines quand il accomplit la loi de justice contre les suggestions de son égoïsme; il descend au-dessous de la brute vers les bas-fonds *ensatanés* quand il fait le mal contre le cri de sa conscience pour servir son égoïsme.

---

(1) *Si non habent legem scriptam, habent tamen legem naturalem, qua quilibet intelligit et sibi concius est quid sit bonum et quid malum.*

(2) *Est in homnibus lex quædam naturalis, participatio videlicet legis æternæ, secundum quam bonum et malum discernunt.* (*De legib.* I. II part. quest. XCI, art. II.)

C'est dans cette région libre de bien ou de mal faire que la religion voit l'humanité établie.

Quelle est la thèse que soutient la théologie ?

Une vérité d'expérience ancienne comme le monde : c'est que, malgré l'immanence en lui de la loi naturelle, l'homme n'est pas toujours bon. La Bible nous montre dès l'origine Caïn qui tue son frère et s'enfuit désespéré ; puis, la race des méchants s'alliant à celle des bons : ils furent voleurs, meurtriers, adultères, sans foi, se souillant de tous les vices ; ils devinrent abominables ; il n'en était pas un, « non, pas un seul qui fit le bien. » Ce n'étaient pas les spéculations théologiques sur l'absolu qui égaraient leurs consciences, puisqu'au contraire : « Ils avaient oublié Dieu leur créateur. » Les affaires de ce monde les préoccupaient seules : « Ils plantaient, ils bâtissaient, ils se mariaient. » Il fallut qu'un déluge vint abolir cette race d'hommes corrompus.

Tel est le tableau que la Bible trace de l'humanité primitive, sous la loi de nature.

L'histoire des siècles suivants n'est guère moins féconde en perversités.

Il est donc vrai que, malgré la notion de justice, gravée dans la conscience par la nature, l'homme s'écarte souvent du droit chemin.

La théologie intervient pour expliquer comment les notions de juste et d'injuste s'étant obscurcies ou perverties par la malice humaine, il a fallu des révélateurs pour ramener les hommes à la pureté des doctrines et un Rédempteur gracieux pour y incliner les volontés.

Proudhon se récrie; il repousse toute révélation, il dit que « cet auxiliaire est une entrave à la conscience humaine qui se suffit à elle-même et n'a pas besoin de révélateur, ni de médecin. » (I. 87.)

Elle est pourtant souvent malade et malverse bien lourdement ? Proudhon ne dit-il pas lui-même que l'expérience des humains les lui a fait détester tous les jours davantage (II. 93); « et que la justice n'a été rien depuis le commencement du monde. »

Et quel tableau nous offre-t-il de la Société présente ?

D'après lui, le scepticisme nous dessèche; on ne croit plus ni à Dieu ni au diable; on ne sait plus de quoi ni par quoi jurer; la France n'a plus ni intelligence, ni conscience morale; la Société est en poussière; juste et injuste sont des termes vagues, de pure convention; il n'y a plus de respect, etc. (I. 1 à 5.)

Et il accuse de cette décadence désespérante la Religion et toute philosophie qui place le principe de la justice hors de l'homme dans un idéal hypothétique et métaphysique, surnaturel, Dieu, l'absolu. Car, dit-il, la foi dans cet être, venant à défaillir, toute morale tombe.

Il faut, écartant cette hypothèse, chercher uniquement dans la conscience humaine le fondement de « la justice pure, de la justice *sans fioriture.* » (II. 524.)

Il prêche donc une morale purement humaine, indépendante de tout concept de Dieu, de toute idée d'absolu, de toute métaphysique.

LVIII

Du cri Guerre à Dieu.

Ce philosophe raconte qu'à sa réception dans une loge maçonnique, aux interpellations d'usage, sur ses devoirs envers les hommes, envers son pays et envers Dieu, il répondit : *Justice aux hommes; — Dévouement à mon pays; — Guerre à Dieu.* L'assemblée s'étant récriée, surprise de cette dernière déclaration, Proudhon expliqua que l'antithéisme n'est pas l'athéisme; qu'il n'entendait pas nier Dieu, mais repousser toute ingérence théologique et transcendante dans la théorie de la justice. (II. 208.)

Il dit ailleurs qu'au sujet de Dieu : « personnalité souveraine, âme de l'univers, de qui la nature est le produit et l'humanité la fille, la science, qui procède par observation, ne peut rien dire, elle n'affirme ni ne nie... elle ne s'en inquiète nullement... » (II. 119.)

Mais, du moment que la conception d'un Être

suprême laisse le philosophe indifférent, pourquoi ce cri : Guerre à Dieu !

Nous rencontrons un mécanisme merveilleux ; nous en observons et admirons le jeu et l'engrenage ; nous pouvons ne pas nous enquérir de l'artiste. Mais pourquoi lui déclarer la guerre ?

C'est, dit Proudhon, parce que au nom de ce Dieu, la théologie « subordonne la justice à la foi. » (I. 250.)

Elle soutient que « l'autorité du prince, établie de Dieu, prime la justice. » (II. 415.)

Elle fait « de la foi sans les œuvres le dernier mot de la piété. » (II. 42.)

« Tandis que le droit humain a pour maxime la liberté, le droit divin a pour maxime l'autorité (I. 87). Celui-ci fondé sur la parole de Dieu, expliquée par le sacerdoce, n'attend rien de l'adhésion de la conscience... Il crée dans l'homme une double conscience, la naturelle et la théologale. » (II. 41, 72.)

« La théologie veut que la multitude soit locataire, ou fermière, ou serve de l'Église. » (I. 185)

« La foi détruit la justice. » (I. 87.)

En un mot, selon Proudhon, l'Église nie ou supprime la loi naturelle, la conscience, la liberté et le droit humain pour y substituer le droit divin, la révélation, formulée et commentée par les prêtres.

Évidemment Proudhon, pour se donner raison

contre l'Église, en dénature la doctrine ; il lui prête des opinions extravagantes ; il forme de grandes bulles de savon qu'il n'a pas de peine à crever.

Les textes que nous avons cités de l'Évangile, de saint Paul, de saint Thomas, etc., et tous les traités de morale chrétienne nous montrent que la théologie reconnaît qu'en dehors de la révélation, il y a la *loi naturelle*, ou le droit humain, c'est-à-dire le sentiment de la justice *naturellement* gravé dans nos consciences. La théologie applaudit à tout ce que nous faisons *naturellement* de beau, de bon et de juste.

Elle laisse le droit humain se développer selon toute la liberté et l'étendue possibles. Loin de contredire ce droit, elle le fortifie. « Est-ce que par la foi nous détruisons la loi ? disait saint Paul. Loin de nous cette pensée. Nous établissons la loi (sur sa vraie base). » *Legem ergo destruimus per fidem Absit. Sed legem statuimus.*

Au moment même où nous écrivons ces mots, nous voyons, dans une Encyclique publiée ce mois de juillet 1881, le pape actuel mettre sur la même ligne le droit humain et le droit divin ; il dit :

« Tout ce qui viole la loi naturelle ou la « volonté de Dieu, il est également défendu de « l'ordonner et de l'accomplir.

« ... La nature, ou plus justement Dieu
« l'auteur de la nature, veut que les homme
« vivent en société... Une société ne peut existe
« ni être conçue sans qu'il y ait quelqu'un pou
« modérer les volontés de chacun de façon
« ramener la pluralité à une sorte d'unité e
« pour leur donner l'impulsion selon le droi
« et l'ordre vers un bien commun... Mais aucu
« n'a en soi ou par soi la puissance d'enchaîne
« par de tels liens la libre volonté des autres..
« Tout ce qu'il y a, en quelque lieu que ce soit
« de gouvernement et d'autorité tire son origin
« du seul et même créateur et seigneur d
« monde, qui est Dieu. »

Enfin, il prononce ces mots péremptoires

« Dès que la justice manque, l'autorité cesse. »

Rien dans ces passages n'indique que l'Églis sacrifie la justice à l'arbitraire des chefs d'État

Remarquons que ces paroles ne sont pas un innovation du pape Léon XIII, mais qu'il n fait que répéter saint Thomas, répétant lui-même Aristote et Platon, c'est-à-dire le cri d la conscience humaine.

C'est donc à tort que Proudhon déclare l droit humain incompatible avec le droit divin.

Au fond, il n'y a pas deux justices ni deux morales en contradiction, l'une divine, l'autre humaine.

Il n'y a qu'une seule morale et une justice

uniques dans leur source, mais ayant des aspects, des applications et des développements divers.

Tandis que le code humain s'occupe spécialement des relations des hommes dans la société civile, le code religieux s'attache surtout à faire connaître à chaque homme ses droits et ses devoirs d'après ses fins métaphysiques.

LIX

Idées de Proudhon sur l'absolu.

Proudhon n'ignorait pas ces principes. Mais il affecte de les méconnaître; il ne cesse de conspuer l'idéal, l'absolu, la métaphysique, sous prétexte que cet idéal violente et tyrannise l'humanité.

« Ma critique, dit-il, se refuse à entrer dans les régions de l'absolu. » (I. 34 à 35.)

Il ne veut s'occuper que du relatif, des phénomènes apparents, des faits d'expérience et de leur jeu et balancement. Ne lui parlez pas de raisonner au fond sur les substances et les causes. Il a ces recherches en horreur.

Mais on a beau faire.

L'absolu, la métaphysique, c'est-à-dire les vérités de pure raison, s'imposent de force à l'intellect humain.

Quoi de plus absolu que les vérités mathématiques ?

Le carré que l'on trace sur un tableau peut être irrégulier. Mais la pensée rectifie cette défectuosité et relève la figure jusqu'à la perfection absolue, nécessaire, métaphysique.

D'où me vient l'idée du parfait ? dit Descartes. Ce n'est pas de moi, être imparfait ; c'est donc d'un être supérieur qui possède la perfection et en a mis la notion en moi.

Ces notions sont indépendantes de l'individu ; celui-ci n'en crée pas les principes. Il a seulement la faculté de les entendre.

L'homme ne crée pas davantage la notion de justice et les autres vérités métaphysiques et morales. Il les saisit dans sa conscience ; il les voit et les comprend, il est contraint d'y adhérer. Mais cet acte d'adhésion à ces vérités, loin d'amoindrir l'homme, et de le rendre vil et servile, l'ennoblit et l'élève, en le faisant participer à la raison éternelle qui régit l'univers.

Aussi, bien qu'il se refuse à toucher à l'absolu, Proudhon y revient-il sans cesse ; et voici l'absolu qu'il se crée.

« La liberté est la puissance qui résulte de la synthèse ou collectivité des facultés humaines (matière, vie, esprit).

« Or, il est de l'essence de toute collectivité que sa résultante diffère en qualité de chacun des éléments dont le groupe se compose, et surpasse en puissance leur somme. La fonction de la liberté consistera donc à porter le sujet au-delà de toutes les manifestations, appétences et lois, tant de la matière que de la vie et de l'esprit ; de lui donner un caractère pour ainsi dire sur nature et qui distinguera par excellence l'humanité.

« Le *sublime et le beau,* en un mot l'IDÉAL, inversement l'ignoble et le laid, ou le chaos, voilà ce qui constitue l'œuvre propre, la fonction de la liberté...

« La liberté ne crée pas les idées et les choses, elle les prend pour matériaux.

« Ainsi la notion de l'absolu préexiste dans l'homme au libre arbitre... mais l'homme par sa liberté, élevant cette notion à l'infini, nomme Dieu, l'Absolu absolu, et l'adore ; ce qui signifie... que l'homme se définit lui-même en la qualité qu'il agit, comme être libre, souverain de l'univers. » (II. 518.)

« L'absolu s'établit roi de la collectivité humanitaire et de l'universalité des créatures. Parvenu à cette hauteur, l'absolu devient DIEU.

« L'homme est un absolu libre (il dit ailleurs semi-absolutiste, semi-mathématique ; Dieu est l'homme élevé à la plus haute puissance... L'homme est le résumé de la nature, toute la nature... Si Dieu est quelque chose, il est homme... Suprême liberté, suprême justice ; la doctrine de l'homme et du monde peut se définir une *idolo-plastie*, une *phantasmasie* de l'absolu. » (II. 527.)

Saisisse qui pourra la valeur de cette métaphysique singulière, qui divinise l'homme, ramène et réduit tout à lui.

Parlons un peu le langage du vulgaire sens commun.

L'homme a-t-il créé et organisé les mondes ? Empêche-t-il sa propre destruction de s'accomplir fatalement ? Peut-il ajouter une coudée à sa taille ? Non.

Il y a donc une cause supérieure à lui de laquelle il tient le peu qu'il est.

Voilà ce que la raison et l'expérience suggèrent à chacun de nous d'une manière inéluctable.

Cette conclusion est plus claire et plus logique que la métaphysique de Proudhon sur « l'*Absolu absolu, qui est la résultante sur nature de la somme des forces immanentes dans l'humanité.* »

LX

Écarts de certains positivistes.

Proudhon, qui est un des plus vigoureux porte-voix de l'école positiviste, se fait une singulière illusion. Il croit anéantir les sciences métaphysiques, en tirant sur elles le rideau ; il se voile un œil pour ne pas regarder un côté du champ de la philosophie.

Émerveillés des immenses progrès des sciences physiques, dus à la méthode d'observation, les positivistes ont cru pouvoir imprimer aux sciences morales et politiques une impulsion pareille, à la condition d'écarter toute métaphysique.

Mais il est impossible de se soustraire à la métaphysique; de ne pas s'enquérir des causes, des substances, de l'idéal. Les sciences pratiques se composent de faits et de raisonnement (*ratione et experientiæ*). Que serait l'observation si la raison pure ne l'éclairait de sa lumière? « Après trente ans d'expérience le mulet du grand Frédéric n'était qu'un mulet », disait un jour Bugeaud à Changarnier.

D'ailleurs, la science de la matière inerte n'est pas identique avec celle des êtres doués de vie, de spontanéité, d'intelligence et de liberté.

Quand vous mêlez un acide à une base, vous pouvez préciser d'avance quel sel vous obtiendrez. Mais si vous jetez une pierre à un chien, vous ne savez pas comment il réagira; et moins encore ce qu'un homme répondra à vos provocations.

Les problèmes de morale et de politique échappent donc par plus d'un point aux lois de la nature inerte.

Au-dessus et en delà des faits matériels surgissent une foule de questions qui relèvent *positivement* de l'entendement humain, auxquelles il ne peut se soustraire, et qui constituent le monde métaphysique.

N'insistons pas ici pour ne pas nous écarter de notre sujet.

Remarquons seulement que Proudhon et Littré, disciples tous les deux d'Auguste Comte, ont traduit en langage courant les obscures dissertations du Maître, qui a dû la fortune de son livre à la beauté du titre : *Cours de philosophie positive*, plutôt qu'à la valeur réelle du contenu.

Littré, moins vagabond et plus méthodique, a fini par « entrer dans la région de l'absolu », puisqu'on assure qu'il est mort en chrétien.

Proudhon n'inclinait-il pas vers la même pente? « Je fais ici serment, dit-il, que si l'Église parvient à renverser la thèse nouvelle que je lui oppose, je meurs dans ses bras. » (I. 164.)

L'Église n'avait pas à renverser la thèse de l'existence de la loi naturelle et du droit humain qu'elle a toujours expressément reconnus. C'est lui Proudhon qui invente une barrière fantastique et une incompatibilité radicale entre la physique et la métaphysique, entre le relatif et l'absolu, entre le droit humain et le droit divin, entre la loi naturelle et la loi religieuse, entre la Révolution et l'Église, entre la liberté et le Dieu des chrétiens, auteur de toute justice et de toute liberté.

Repoussons ces écarts de langage et de raisonnement.

Les paradoxes des écrivains qui, comme Proudhon mettent la liberté dans un camp et l'Église dans l'autre, nuisent à la fois à la Démocratie et à la Religion.

Les adversaires des libertés républicaines ne manquent pas de dire : Puisque de l'aveu même des révolutionnaires, il y a incompatibilité entre la Religion et la Démocratie et qu'il faut que l'une étouffe l'autre, n'hésitons pas à nous coaliser, nous tous qui croyons en Dieu et à l'Église ; *Guerre à la Révolution !* (1)

Guerre à l'Église ! disent les révolutionnaires ; elle est opposée aux plus légitimes revendications de la justice et de la liberté.

Et sur cette double antithèse, assemblées et publicistes bataillent sans fin.

Nous avons démontré que ces discussions reposent sur un malentendu déplorable.

Église et Liberté, Dieu et Justice vont bien ensemble dans le même camp. Les révolutions qui mènent à la justice, ne peuvent qu'être dans les voies de Dieu.

---

(1) Voir Laurentie : *L'Athéisme social et l'Église.*

LXI

Du socialisme.

Au fond, que veulent Proudhon et les socialistes ?

Avant tout, surtout et uniquement, ordonner les affaires de ce monde selon une théorie régulière, irréprochable.

Aux yeux de Proudhon, la justice et avec elle toute l'économie politique consistent dans une balance équitable entre le travail et le salaire, ou entre la réciprocité des services.

Cette science des rapports bien équilibrés en toute chose est figurée par le niveau, l'aplomb, l'équerre et le compas des francs-maçons, « à l'insu même, dit-il, des adeptes. »

Depuis les astres, qui se balancent entre eux dans les espaces sous la règle du grand architecte, jusqu'à la barre ou la pelle du manouvrier, tout au monde, est un rapport exact d'équilibre et de pondération.

Ce sont ces lois de juste pondération économique qu'il faut découvrir pour résoudre le problème social. C'est le levier d'Archimède, qui, bien établi, doit mouvoir le monde.

« Toute la morale sociale et politique consiste dans un échange de services exactement rémunérés.

« Le système social est une équation (II. 393.)

« La création d'une science économique, fondée

à la fois sur l'observation de la spontanéité industrielle et mercantile et sur la justice, est le dernier mot de la pensée révolutionnaire (I. 15.)

« La Révolution est le droit, la balance des forces, l'égalité. (I. 500.)

« L'Église ne possède jamais la science du droit et du devoir. » (I. 8.)

« Le christianisme n'a pas de morale; il est à jamais condamnable, parce qu'il n'a ni résolu, ni cherché, ni compris le problème d'équitable pondération entre les services rendus et leur juste rémunération. »

Proudhon regrette que l'Église ne se soit pas faite socialiste.

« Les théorèmes d'économie, prêchés en chaire, feraient des membres du clergé les chefs naturels de la révolution. » (III. 547.)

Pascal avait inventé une machine à calculer. Au fond, l'idéal politique de Proudhon serait un mécanisme analogue, ou le travail producteur de chacun serait exactement balancé et rétribué. Si l'Église avait découvert une machine sociale de ce genre, peut-être Proudhon aurait permis au pape infaillible d'en tourner la manivelle.

« La théologie, dit-il, reconnaît la parfaite égalité des âmes quant à leur nature; mais elle a le tort de consacrer les inégalités sociales, en prescrivant aux pauvres de servir les riches.

« Il est vrai qu'elle recommande à ceux-ci de

faire la charité aux pauvres, promettant aux uns et aux autres une meilleure vie dans un monde futur, où Dieu récompensera les mérites et rétablira l'équilibre. »

Mais ce principe de charité, Proudhon le repousse comme dégradant. Il n'en veut pas, il a la fierté de sentir le droit humain, qui est l'égalité de tous, le respect de chacun pour chacun; principe consacré par la Révolution française, et constituant le fond de cette Révolution. Et ce principe, selon lui, est supérieur à toute religion, à toute philosophie transcendante qui, niant les droits de l'homme, est immorale, antirévolutionnaire. L'Être transcendant est la négation même de la justice. (I. 39.)

« Malheureusement, dit-il, les hommes de la Révolution n'ont pas compris cette incompatibilité entre la Religion et la Liberté. La véritable application des principes de la Révolution est encore à faire. »

Quant aux dogmes : Dieu, immortalité de l'âme, vie future, récompenses ou châtiments dans un autre monde, tout cela est possible; Proudhon n'y contredit pas absolument. (II. 119.) Il se tient à côté de ces questions. Il s'agit de la vie présente. « Priver quelqu'un sur la terre de ses droits sous l'espoir ou prétexte d'un futur paradis, est à ses yeux un pur brigandage. » (II. 253.)

O critique éminent! Où avez-vous vu que

la théologie veut ôter aux uns pour donner aux autres ? Un de ses premiers principes n'est-il pas qu'on ne doit faire tort à personne ? Qu'il faut restituer le bien qu'on a volé et réparer le tort qu'on a fait ? N'est-ce pas là de la justice au premier chef ? Comptez-vous pour rien et le Décalogue et ce précepte : « Ne retiens à l'ouvrier rien de son salaire. »

Quant à la charité, elle constitue un pas de plus.

Vous avez dans votre bourse une pièce de monnaie acquise à la sueur de votre front. Cette pièce est votre propriété indiscutable. Vous pouvez la réserver pour vos besoins et n'êtes tenu de la donner à personne.

Mais il vous plaît d'en faire un don gracieux au prochain en souffrance : voilà la charité.

Pourquoi Proudhon reproche-t-il à la théologie de recommander ce mode libre de faire du bien, par delà les prescriptions de la justice ?

Mais laissons-le supprimer les établissements charitables, bureaux de bienfaisance, hôpitaux, crèches, salles d'asile, etc., et baser son système social uniquement sur une justice qui peut suffire à toutes les exigences sans recourir à la charité. (I. 175, 221.)

Voyons où nous conduisent ses méditations.

LXII

Système social de Proudhon.

C'est mille fois, dit-il, qu'il a dû changer d'hypothèse, avant d'arriver à sa doctrine de la Révolution.

La démocratie, d'après lui, a pour but d'assurer la prépondérance du travail sur la propriété, sur le capital. (I. 9 et *passim.*)

Il veut qu'on supprime les intermédiaires entre le travail et la rémunération; parasites qui ne produisent rien, et qui s'engraissent aux dépens du travailleur. Il veut proscrire les agiotages des banques et des escomptes, donner à chaque membre de la collectivité une part proportionnelle aux bénéfices, etc.

Il entend que la terre soit à celui qui la cultive;

Le métier à celui qui l'exerce;

Le capital à celui qui l'emploie;

Le produit au producteur; etc., etc. (II. 156.)

Il estime que « le meilleur de la vie est prélevé sur l'ouvrier par le patron. » (II. 229.)

Il veut que le prix du loyer soit basé sur le coût de l'immeuble. (II. 312.)

Il veut que la rente, la propriété soient imposées, non le salaire. « Mon salaire, dit-il, c'est mon sang, c'est ma vie. » (II. 313.)

Il veut réduire tous les impôts à un prélèvement par l'État sur la rente foncière, c'est-à-dire sur le revenu net, attendu que ce revenu, excédent disponible, est imposable sans inconvénient.

« La rente, dit-il, est le revenu naturel de l'État. (II. 323.)

« Dans la classe des rentiers, où l'on produit comme 0, on dépense comme 3. (III. 545.)

« D'après la statistique, en France, sur les 11 milliards 500 millions de production totale, les gens improductifs, rentiers, pensionnés, etc., prélèvent 4 milliards 500 millions, et rendent à peine pour un demi-milliard de services.

« Les travailleurs agricoles, industriels, etc., perdent donc, au profit de ceux-ci, environ 40 pour cent du produit de leur travail. (III. 535 et suivantes.)

« La classe des improductifs ou de ceux qui exercent des professions *libérales* comprend 16 millions d'individus et donne insolemment aux 20 millions de travailleurs le nom de classes *serviles.* »

« D'après cette même statistique, Proudhon estime que, pour une population de 36 millions d'âmes (en France) répandue sur une superficie de 27,000 lieues carrées, on ne peut pas espérer de réaliser une somme de richesse matérielle égale à la moyenne de 1 fr. 50 par tête et par jour. (III. 548.)

« Le retour à la justice et à l'équilibre serait donc de réduire la dépense de chacun au plus à 1 fr. 50 par tête et par jour. Alors, personne ne pouvant être riche, on verrait s'établir partout le règne de la modération. On chercherait la félicité au for intérieur dans les joies de la conscience et de l'esprit. » (III. 548.)

Enfin « le mariage lui-même constitue un engagement réciproque très sérieux, dont la base est la justice, et où le sentiment de l'amour doit être relégué à l'arrière-plan comme un accessoire presque ridicule. L'homme et la femme doivent être l'un à l'autre plus sacrés que chers. » (I. 5.)

Voilà, très sommairement, le fond du socialisme de Proudhon ; il va jusqu'au bout des théories : « Honte à moi, s'écrie-t-il, si mon cœur pouvait concevoir une pensée que ma bouche n'osât produire. » (III. 551.)

LXIII

Si l'Église peut se faire socialiste.

La philosophie de Proudhon nous paraît se réduire à trouver un excellent teneur de livres, répartissant exactement et consciencieusement à chaque travailleur le produit de la vente bien entendue de son travail.

L'intention est louable. Quelle église, quelle philosophie oserait contredire à ce principe d'équité?

Rien de plus parfait que l'algèbre abstraite. Mais il faut remplacer les signes algébriques par des réalités et des chiffres positifs.

Qui paiera la valeur juste du travail? Qui en procurera à chaque citoyen? Qui assurera le débit et le placement des produits? Par quels appâts mettre en jeu toutes les activités individuelles?

Quelle garantie contre les accidents de force majeure? Qui maintiendra chaque travailleur dans son devoir strict? Qui préviendra les fraudes au milieu du débordement des intérêts et des passions? etc., etc.

Le travail d'un bon directeur, d'un inventeur n'équivaut-il pas souvent à celui d'un grand nombre d'ouvriers! Comment régler la proportion de cette valeur au sein de la collectivité?

Quant aux loyers, la valeur locative d'une maison, peut varier selon les convenances, les appropriations nouvelles. Il y a des chômages qui réduisent à rien la location.

L'exacte justice se heurte donc à chaque instant à des difficultés nouvelles.

« Mon salaire, dites-vous, c'est mon sang, c'est ma vie. »

Mais répondra un autre citoyen, ma rente, ma propriété, c'est aussi ma vie et mon sang; c'est le salaire condensé de mes sueurs et le fruit de mes épargnes, ou de celles de mes pères.

Est-il juste que l'État me l'enlève au profit de la collectivité?

Et les dévouements et les affections, qui

ont aussi leur valeur productive, à quelle bascule les peser ?

Que la balance, l'équerre, le fil à plomb, le compas soient l'emblème de la justice pure, éclairée par la science, soit.

Mais si *libet, libere*, est la racine de *libra* balance et de *libertas*, liberté, il est aussi la racine de *libido*, libertinage, licence, régime du bon plaisir.

La balance est un levier aveugle. Que mettrez-vous dans ses plateaux ? Un corps de vil prix peut l'emporter comme poids sur un bijou ou sur une essence précieuse.

Il faut donc que le juge qui tient la balance soit intelligent et intègre. Or, l'intelligence et l'honnêteté sont de l'ordre moral et métaphysique. On ne les règle pas selon des formules positives, matériellement fixes, comme on règle la vapeur.

Proudhon le comprend : on voit qu'il n'est pas sûr de son système ; il sent que le terrain n'est .pas solide ; que la solution pratique n'est pas aisée.

Il retourne donc à ses récriminations contre l'Église qui n'a pas résolu le problème, et contre toutes les sectes économiques et socialistes qui ne l'ont pas résolu davantage.

Il est injuste envers ses coreligionnaires. « De tous les gouvernements qui se sont succédés parmi nous, dit-il, celui qui a le plus mal servi la liberté et l'égalité est le gouvernement républicain... La Démocratie est empoisonnée... »

Il n'a que du dédain pour la Réforme protestante. « A défaut d'autre sagesse, dit-il, je préfèrerais Rabelais et le pantagruellisme à toute la Réforme. » Et ailleurs. « La Réforme n'est qu'un mot, le Concile de Trente régit sans conteste l'univers orthodoxe. » (I. 25.)

C'est qu'en effet il n'y a ni réformation, ni secte, ni révolution qui aient établi, comme il le veut, l'exacte rémunération du travail, la juste balance entre le salaire et la valeur du produit du travailleur.

Voilà le grief de Proudhon contre la théologie et contre toutes les sectes religieuses et philosophiques.

Ah! vraiment, si l'Église s'était lancée dans ce fouillis inextricable de passions et de volontés, d'ambitions et d'intérêts, de spéculations et de déceptions; si contre la déclaration de son fondateur, portant que « son royaume n'est pas de ce monde », l'Église s'était convertie en une agence d'affaires, organisant la commande et l'offre, la production et la consommation, la protection et le libre échange, la banque et l'escompte, décidant souverainement sur ces questions mondaines, c'est alors que l'on se fût justement récrié contre les empiètements du spirituel sur le temporel; c'est alors que la théologie, au lieu de se tenir dans la sphère sereine du dogme et de la morale, aurait porté la main sur ce qui doit être abandonné aux libres discussions et appréciations du génie des hommes; c'est alors que le sacerdoce se serait transformé en un maquignonnage, et l'Église peut-être en une *caverne de voleurs*.

Quelles récriminations n'aurait-elle pas soulevées !

L'Église de Saint-Simon a cherché à organiser la société en distribuant le travail selon la capacité de chacun, et voici le pavé que Proudhon décharge sur les Saint-Simoniens.

« Qu'un prêtre, M. Enfantin et son épouse, « M. Lambert ou tout autre se permettent de « tarifer ma capacité, de marquer ma place « au soleil et de régler ma pitance, tandis qu'ils « s'adjugent des millions, j'avoue que ceci « me révolte, et si j'avais l'honneur de vivre « dans l'Église de Saint-Simon, mon premier « mouvement serait de souffleter le pontife. »

A la place des capacités, Proudhon veut tarifer la valeur du travail d'après le produit de la vente.

Mais cette valeur varie selon les besoins du consommateur, selon l'activité de l'ouvrier et la perfection de l'œuvre, selon la concurrence, le progrès des machines et mille autres incidents. Quel juge, quel tribunal, quel synode peut établir un juste équilibre?

Et il reproche à l'Église de n'avoir pas constitué l'ordre social sur cette base mouvante de la répartition des salaires; de n'avoir pas transformé la chaire de saint Pierre en un pupitre de commissaire-priseur et le Sacré-Collège en un comptoir d'affaires économiques et commerciales.

Y a-t-il dans ces prétentions une parfaite rectitude d'esprit?

LXIV

Caractère général de la critique de Proudhon.

Contradictions.

Considérons qu'il ne suffit pas de dire : respectez les droits d'autrui, pour que chacun les respecte.

Proudhon lui-même qui prêche tant le respect de chacun pour chacun, est-il bien respectueux pour nos célébrités, quand il appelle Descartes « un acrobate » ; Pascal « un inventeur d'abêtissement » ; Chateaubriand « un phraseur sans conscience » ; Lamartine « un pauvre citoyen. » Nous passons sur des épithètes plus irrévérencieuses que Proudhon distribue largement.

Dans les détails, la critique de Proudhon

contre la religion porte sur les exubérances, et, si nous osons le dire, sur les galons et les panaches dont on s'est plu à la parer.

Il trouve mauvais qu'au milieu de la détresse des finances de l'État, la reine d'Espagne ait offert une tiare d'or à Pie IX « cet austère vieillard, dit-il, accablé de macérations, qui vit d'un œuf à la coque. » Il eût été un de ces disciples utilitaires qui blâmaient l'effusion d'un parfum précieux sur les pieds du Christ.

Il affecte de confondre la doctrine de l'Église sur la société séculière, avec les règles de cénobites qui précisément font vœu de vivre autrement que les séculiers.

Philosophe pamphlétaire, il émaille les discussions sérieuses d'historiettes controuvées, mais mordantes et emportant la pièce.

Il va fouillant dans les égouts inséparables de tout établissement même religieux, pour en secouer les éclaboussures sur la religion et la couvrir de ridicule ou d'ignominie.

Proudhon recherche les antithèses à effet, susceptibles de frapper les esprits par l'excès même du paradoxe; il jette du salpêtre dans le brasier et de l'eau dans l'huile bouillante. De là ces propositions singulières :

— *Rien de nécessaire n'est rien.* (1er axiome. I. 62.)

— *La propriété est devenue incompatible avec*

l'ordre social; — La propriété c'est le vol; — Guerre à Dieu; — Votre Dieu c'est le démon; — Si Dieu est quelque chose, il est homme; — La mort c'est l'amour; — L'intelligence c'est l'instinct développé; — La perfection serait notre mort; — Le christianisme n'a pas de morale; — L'Être transcendant... est la négation même de la justice; — *Caligula, Néron, Héliogabale furent des modèles de piété; — La foi sans les œuvres est le dernier mot de la piété.* L'Église dit au contraire : « Sans les œuvres, la foi est morte. » *Fides sine operibus mortua est.* (Saint Jacques, II. 26.)

Nous pourrions allonger sans fin ces citations.

Le critique donne, aux textes sacrés, des contorsions étranges : « Heureux ceux qui sont affamés... car ils seront rassasiés; » cela ne peut s'entendre, dit Proudhon, que des biens matériels. (II. 185, 201.) Mais le texte dit : « Heureux ceux qui auront faim et soif de la justice, car ils seront rassasiés! » Pourquoi changer la pensée?

Enfin tout en déclarant que « la justice est l'essence de l'humanité, » Proudhon ajoute « qu'elle n'a été rien depuis le commencement du monde, et qu'elle doit être tout. » (40 à 43.)

« La justice est née d'hier, » dit-il encore (I. 19.)

Voulait-il se poser lui-même en révélateur?

On regrette que tant d'esprit ait été si mal réglé.

Au milieu du vagabondage de ses idées et de ses véhémentes exubérances, cet écrivain ne pouvait que se contredire.

Après avoir affirmé que « l'Église ne s'agite plus que pour mourir » (I. 5), il dit que « son souffle est plus vivace que toutes les énergies qu'elle a vu naître. » (I. 26.)

Et que « au fond la religion ne change pas. » (II. 205.)

Tout en opposant la Révolution à l'Église, ou, si l'on veut la liberté humaine à l'autorité théologique, il laisse échapper les propositions suivantes :

« La justice est inamovible, immodifiable, éternelle. » (II. 393.) C'est bien dire : absolue.

« Il se peut que Dieu l'Absolu de l'absolu ne soit pas un pur néant (400).

« Entre les religions, le christianisme est celle qui affirme le plus énergiquement la liberté. (II. 465.) La liberté entreprend de réaliser l'absolu. (II. 528.)

« L'abolition de l'esclavage est si bien le fond du christianisme que l'apôtre est pour ainsi dire forcé d'en faire ses excuses. (II. 197.)

« L'Église est la mère et la rivale de la Révolution. (I. 5.)

« L'Église n'est établie qu'en vue de la justice ; son fondateur s'était sacrifié pour elle. (II. 587.)

« La religion ayant été pendant neuf mille ans le principe, la forme et la sanction de la justice, elle a bien mérité de l'humanité. (III. 604)

« La religion est la poésie de la justice... La société qui a perdu sa religion a perdu son esprit de famille. » (III. 555.)

Il dit encore : « Si Dieu est le père de notre justice, le père de nos âmes, le gardien de nos consciences, l'Eucharistie est une vérité. » (II. 39.)

Il y a aujourd'hui des politiques qui réclament la séparation absolue de l'Église et de l'État.

Selon Proudhon :

« Le spirituel et le temporel ne peuvent exister l'un sans l'autre; ils doivent relever de la même conscience et de la même autorité. (III. 556.)

« C'est parce que la France fut jadis très chrétienne qu'elle est devenue la France révolutionnaire. (II. 440.)

« La Révolution n'a pas voulu faire violence à la pensée religieuse, mutiler l'humanité. » (III. 606.)

Il dit enfin, à l'archevêque de Besançon : « Ma foi dans les choses essentielles ne diffère en rien de la vôtre ; chrétien, déiste, antithéiste, je suis tout aussi religieux et presque dans les mêmes termes que vous. (III. 607.) Ainsi Proudhon finit par modérer son langage.

Il est loin d'approuver les assassinats politiques. (II. 400.)

« La mort de Rossi, dit-il, est le crime inexpiable de la démocratie romaine. (III. 572).

Il regarde César comme un tyran injustifiable. Mais il estime coupables les Brutus, les Ravaillac, les Orsini.

« Même quand il s'agit de liberté et d'égalité un chef d'État ne doit exécuter que ce qui a été résolu dans les conseils du pays » (III. 566).

« Le régicide... met son sens privé à la place de la raison des choses, érige son fanatisme au-dessus de la volonté générale. Montrez-moi quelque chose de plus despotique que le régicide. » (III. 573.)

« A vrai dire il n'existe ni tyran ni despote ; il y a des chefs de parti... » (III. 569.)

Il est clair, en effet, que sans un parti qui appuie la tyrannie, celle-ci serait impossible.

Proudhon, mort avant la fin de l'Empire, ne fut pas témoin des excès de la Commune en 1871 et des rigueurs de la répression.

Mais considérant les violences que les partis opposés ont toujours exercées réciproquement, il s'écrie : « En mon âme et conscience, devant Dieu et devant les hommes... je jure que nous n'avons rien à nous reprocher. Amnistions-nous les uns les autres. » (III. 531.)

Telle est la conclusion de Proudhon, après qu'il a mis tant de confiance en la liberté et en la justice humaines et qu'il en a proclamé si haut l'infaillibilité.

Nous nous sommes attaché à discuter très particulièrement les opinions de Proudhon, parce que cet écrivain, à travers ses paradoxes et son extrême radicalisme, a des pages d'une incontestable valeur, qui lui ont fait de nombreux prosélytes.

Les mots liberté, égalité, équitable rémunération des services, sage pondération des forces, justice exacte, sont des termes magiques.

Théoriquement et *a priori* les idées qu'ils représentent satisfont l'esprit et commandent l'assentiment général.

Mais l'homme vraiment positif tient compte des difficultés pratiques et des défaillances humaines.

En des questions si graves, si propres à soulever des passions et des discordes, il faut demeurer dans la stricte vérité et non pas déclamer et divaguer.

CINQUIÈME PARTIE

SI LA JUSTICE SOCIALE CONCORDE AVEC L'ESPRIT DE L'ÉGLISE

LXV

Des vraies causes qui font obstacle au règne de la justice et de la liberté.

L'idée de donner la justice pour base aux institutions sociales n'est pas nouvelle. Quel est le législateur qui n'a pas eu cette prétention? Les anciens rangeaient la justice au nombre des quatre vertus fondamentales que nous devons posséder : prudence, justice, courage et modération. *Suum cuique* (son droit à chacun), répètent les jurisconsultes (1).

On parlait devant Agésilas du *grand* roi des Perses. Comment, dit le spartiate, peut-il être plus grand que moi, s'il n'est pas plus juste?

Le même Agésilas disait longtemps avant Proudhon : « Que si tous les hommes étaient « justes, on n'aurait que faire de la prouesse. » (Plutarque, *trad. d'Amiot*), c'est-à-dire, que si

(1) La Justice est la constante et perpétuelle volonté de faire à chacun son droit, dit le 1er article du Code de Justinien. *Justitia est constans et perpetua volontas jus suum cuique tribuendi.*

la justice régnait partout, il n'y aurait pas besoin de guerres ni de valeur militaire.

César, venu longtemps après Agésilas, connaissait ces belles maximes. En viola-t-il moins les saintes lois de la patrie ?

Il faisait en Gaule une guerre si injuste que Caton voulait qu'on le livrât aux Gaulois pieds et poings liés. Est-ce par ignorance de la justice ou par ambition que cet homme, si complet au point de vue du génie, commit tant de crimes ?

César connaissait la générosité d'Achille envers Priam, et celle d'Alexandre envers Porus, et la conduite de Paul-Emile vis-à-vis de Persée.

Cependant quand Vercingétorix, qui avait eu l'honneur de battre le grand capitaine romain, se dévouant pour sauver les siens, vient librement jeter ses armes aux pieds du proconsul en lui disant : « O vaillant homme, tu as vaincu un brave » *(Fortem virum, vir fortissime, vicisti)*, César le fait enchaîner, et le réserve huit ans dans les cachots de Rome pour en parer son triomphe et le supplicier ensuite. Et c'est de César qu'on vante la clémence ! (1).

---

(1) Au début de la guerre civile, César voulant gagner Cicéron à sa cause, alla s'inviter à dîner chez lui et y passa la journée. Témoin de l'incroyable activité de cet homme et de ses fureurs ambitieuses, Cicéron s'écrie dans une lettre à son ami Atticus : « Quelle bête féroce ! » *Quanta bellua !*

Mais aussi qu'étaient les autres chefs romains ? Allez prêcher la justice à Sylla, à ce proscripteur froidement cruel, qui n'abdiqua la dictature qu'après avoir exterminé ses ennemis.

Parlez d'humanité à l'ambitieux Octave, c'est-à-dire selon les expressions de Corneille,

« A qui n'a rien d'humain,
« A ce tigre altéré de tout le sang romain. »

Après la victoire de Philippes, à laquelle il n'assista pas, il décidait du sort des vaincus avec une telle cruauté qu'un de ses amis fut obligé de lui faire passer un billet avec ces mots : « Bourreau quitte ton siège. » (*Surge carnifex.*)

LXVI

Ce n'est pas la religion qui attaque la liberté. — Mauvais instincts de l'homme.

Proudhon accuse la religion d'engendrer la tyrannie.

Est-ce la religion qui fit du grand César l'oppresseur de sa patrie ? Caton en plein Sénat, répondant à ce fauteur de conspirations, met en doute sa croyance aux peines qui attendent les méchants aux enfers. (*Credo falsa existumans quœ de inferis memorantur* (1). Aucun sentiment de religion ne le retenait ; *nullâ tenabatur religione* (2).

(1) Salluste.

(2) Suétone.

Tibère en fait de religion était plus que négligent. *In religione negligentior* (1).

Denys le tyran fit ôter à Jupiter sa barbe d'or et la remplaça par une de laine, moins froide en hiver, dit-il en raillant, et moins lourde en été.

Non, la religion n'a ni fait, ni inspiré ces liberticides.

César avait pourtant quelque instinct religieux. Comme il campait sur les ruines de Carthage, il crut voir en songe une armée immense qui se livrait à des pleurs et à des gémissements, et prenant ce rêve pour un avertissement divin, il fit rebâtir la vieille rivale de Rome.

Le cruel Octave, devenu maître du monde, se fit clément et doux. Il porta quelques lois et règlements d'une irrécusable moralité.

Non, ce n'est ni le sentiment de la justice, ni celui du bien et du beau qui manquait à ses ambitieux; ils savaient, quand ils le voulaient, parler le langage de la vertu ; mais comme tant d'autres, ils voyaient le bien et faisaient le mal.

« *Video meliora proboque;*
« *Deteriora sequor.* »

Ah ! convenons que si la notion de justice est immanente dans l'homme, on voit aussi immanents en lui les sentiments d'ambition, de

(3) Suétone.

cupidité, et les germes de toutes sortes de passions et de vices.

Nous avons connu un enfant qui se plaisait à écarteler des oiseaux vivants en les tirant par les deux pattes et qui riait de leurs cris. Voilà l'instinct de férocité.

Un militaire qui, pour la première fois, enfonce sa baïonnette dans le corps d'un homme, frémit peut-être ; puis la fureur s'allume, il s'enivre de sang, il tue pour tuer ; il tire orgueil du meurtre.

Les soldats, j'allais dire les *Turcos* d'Annibal, égorgèrent à Cannes cinquante mille romains ; il fallut que le général carthaginois arrêtât le massacre.

Au siège de Jérusalem, Titus, le doux Titus, surnommé plus tard les *délices* du genre humain, faisait donner la chasse aux malheureux juifs que la faim poussait hors des murs à la recherche de quelque aliment. On en crucifiait, dit l'historien Josèphe, au moins cinq cents par jour, sous les regards des assiégés afin de terrifier ceux-ci. On avait peine à trouver assez de bois et d'espace pour tant de suppliciés... On en renvoyait aussi dans la ville après leur avoir coupé les mains (1).

Nous affectons de citer l'histoire ancienne, tirant le rideau sur les horreurs de l'histoire moderne pour ne blesser aucune susceptibilité.

(1) Josèphe, guerre des juifs. L. V. ch. 28.

Combien d'attentats contre la justice et l'humanité n'ont-ils pas été commis par des hommes d'ailleurs instruits de leurs devoirs, polis, élégants, aimables, de bonne compagnie !

L'égoïsme et les passions faussent et dénaturent la notion de justice, non moins que celle de religion. Et comme dit Lafontaine, par la bouche du serpent parlant à l'homme, « autre animal pervers » :

« ...Ta justice
« C'est ton utilité, ton plaisir, ton caprice. »

Les violations du droit sont de tous les temps et de tous les lieux. Mais elles sont d'autant plus coupables que l'homme est plus instruit, et la civilisation plus avancée.

LXVII

Nécessité d'employer la force légale pour les contenir.

Laissons les utopies humanitaires pour ce qu'elles sont, c'est-à-dire des désirs, des aspirations, vers l'idéal; ou du moins ne nous y méprenons pas.

Il y a longtemps que la déesse de la justice a emporté au ciel ses balances. Le difficile est de la ramener sur la terre et d'y rendre permanent son séjour.

« O droit ! ô bonne foi ! ô sainte équité ! « s'écrie Bossuet, je vous appelle à témoin contre « l'injustice des hommes. Vous n'êtes presque

« plus parmi nous que des noms pompeux, et
« l'intérêt est devenu notre seule règle de jus-
« tice. »

Pour faire prévaloir les droits que nous tenons de la nature, il ne suffit pas d'en montrer clairement la justice, il est bon qu'ils soient appuyés par la force.

Les anciens représentaient la déesse de la sagesse tenant de sa main gauche un bouclier, et de sa main droite une lance. Et c'est avec raison que sur nos monnaies républicaines, on fait figurer la Force protégeant la Justice et l'Égalité qui se donnent la main.

Les citoyens sans faiblesse ni indifférence doivent se maintenir unis et forts contre tout attentat à leurs droits et à leurs libertés.

Mais faut-il au moindre abus courir aux armes, pousser à la révolte et bouleverser les villes et les campagnes ?

Non, sous une constitution démocratique, il suffit de savoir bien user du bulletin de vote, qui permet de remplacer pacifiquement des gouvernants incapables ou indignes.

Il ne faut pas dire : je m'abstiens ; que m'importe le gouvernement ! Je n'aspire ni aux places ni aux honneurs.

Mais vous voulez bien la prospérité de votre pays, l'ordre, la paix, la liberté. Il ne vous est pas indifférent d'avoir vos enfants instruits ou ignorants ; ni de voir les campagnes dévastées, les villes désolées, vos jeunes gens détruits ou mutilés par les armes de l'étranger ou par la guerre civile, et à la suite de ces malheurs, la ruine publique.

Ne manquez pas de répondre dignement à l'appel de la Patrie quand elle réclame vos suffrages. Ainsi vous vous protégerez par un bon et fort gouvernement contre les violents et les injustes.

Réunions, comités et conseils communaux, cantonaux et d'arrondissement, assemblées départementales et nationales, simples citoyens et magistrats quelconques, tous, chacun dans sa sphère, doivent concourir au bien public, sans s'écarter jamais de la justice. Nul ne doit s'abstenir, chacun doit prêcher d'exemple.

N'oublions pas que le bien est difficile à faire; le mal et le désordre sont au contraire faciles.

Pour commettre un crime il suffit d'un malfaiteur. Un enfant détournant une aiguille peut faire dérailler un convoi ; mais pour redresser les machines et les maintenir selon les règles, il faut un grand concours de forces coordonnées.

LXVIII

La liberté naturelle à l'homme, selon l'usage qu'il en fait, l'élève ou l'abaisse

Mais pourquoi l'homme est-il méchant ?

Nous ne voulons pas parcourir les champs de la métaphysique et de la théologie pour en chercher la cause. Nous constatons seulement qu'en fait, il est souvent méchant ; et il faut qu'il lui soit possible de l'être, à moins de supprimer sa faculté de libre arbitre, et de le réduire à l'instinct bestial.

La bête, en ce qu'elle fait de bien ou de mal, obéit à l'instinct qui la pousse.

Mais l'homme a une conscience qui lui rappelle ses devoirs. S'il prémédite le mal, il aggrave sa malice de tout le poids de sa raison.

Ainsi la liberté, dont l'homme est si fier et qui l'élève au-dessus de la bête, le fait descendre au-dessous de celle-ci, lorsqu'il met son intelligence au service de sa brutalité.

LXIX

De la notion de justice d'après l'Église.

Nous pouvons donc soutenir avec Proudhon que l'idée de justice est immanente dans l'homme, ainsi que celle d'ordre, de convenance, d'équilibre, de proportionnalité. Nous pouvons avec lui désirer l'application de ces principes à l'économie sociale, et faire tous nos efforts, afin de donner le plus d'extension possible aux droits naturels de l'homme proclamés par la Révolution de 1789.

Mais il importe d'insister sur ce point : jamais ni la religion ni l'Église n'ont nié ou contesté que les notions de justice, d'équité, de droit ne soient immanents dans l'homme.

Selon les théologiens, dit Bergier, cité par Proudhon lui-même, « la loi naturelle est la volonté de Dieu *intimée* aux créatures intelligentes, par laquelle il leur impose une obligation » ; intimée, c'est-à-dire imprimée dans l'intimité de la conscience ; Proudhon dit immanente, ce qui revient au même.

Les théologiens démontrent simplement que ces notions naturelles, fondamentales sont plus explicitement éclairées et développées par la religion, et qu'elles émanent de Dieu, source et raison commune de tout ce qui est.

Et de fait presque tous les législateurs anciens proposèrent leur code au nom de quelque divinité, considérant la justice comme découlant d'un principe supérieur, éternel et immuable.

« La loi naturelle, c'est la loi divine non écrite, » dit Gratien.

« C'est en Dieu premièrement, dit Bossuet, que se trouve la justice, et c'est de cette haute origine qu'elle se répand parmi les hommes..., pour faire en nos âmes, dit-il ailleurs, l'un des plus beaux traits de la ressemblance divine. » *(Sermon sur la justice.)*

Au nom de ce Dieu, la religion s'efforce de rappeler l'homme à ses devoirs.

Combien de crimes secrets que la loi civile ne voit pas ! Combien d'autres qu'elle est impuissante à punir ! Mais quand le fort opprime le faible, quand l'ambition, l'avarice et la luxure abusent de leur victime, la religion apprend qu'un Dieu vengeur est là présent :

« Il entend les soupirs de l'humble qu'on outrage. »

Proudhon a-t-il mieux parlé de la justice que Bossuet dans les passages suivants :

« La justice doit faire la loi immuable de tous « les hommes... Elle est le plus ferme fondement « sur lequel le monde se repose... le lien « sacré de la société humaine..., l'unique fon- « dement du repos... Elle commande dans les « uns, elle obéit dans les autres, elle contient « chacun dans ses limites ; elle oppose une bar- « rière invincible aux violences ; elle est la « reine des vertus. » Et ailleurs : « Il faut ré- sister à l'injustice avec une force invincible. »

Seulement, Bossuet ajoute un tempérament qui nous paraît avoir échappé à Proudhon.

« Elle doit, dit-il, se relâcher quelquefois « et donner lieu à l'indulgence, autrement elle « est excessive et insupportable dans ses ri- « gueurs. » Et il rappelle cette maxime des anciens : que le droit poussé à l'extrême ri- gueur est une extrême injustice. (*Summum jus, summa injuria.*) Il veut que la justice soit tem- pérée par la bonté, et il dit que l'auteur de la loi évangélique est appelé à la fois le docteur de la justice et le sauveur des hommes.

« Faisons, chrétiens, ce que nous voulons
« qu'on nous fasse. C'est la loi et les prophètes...
« gardons l'égalité envers tous... Supportons la
« charge les uns des autres. » (1)

En quoi ces principes religieux sont-ils incompatibles avec les idées de justice, et avec les notions de droit et de devoirs naturels ?

LXX

Sentiments de l'Église sur la pauvreté.

Proudhon prétend bien à tort que l'Église impose la pauvreté et la misère à une classe de citoyens pour réserver aux autres la fortune et les jouissances. Ni l'Évangile, ni la théologie ne disent : Dieu vous a faits pauvres, et vous fait une obligation de rester pauvres. L'Évangile constate seulement un fait, c'est qu'il y aura toujours des pauvres, c'est-à-dire des faibles, des infirmes, des malheureux, sur lesquels on aura l'occasion d'exercer la charité.

Elle loue d'ailleurs les efforts que fait chacun pour utiliser les talents que le ciel lui a départis. Elle ne s'oppose pas à l'organisation du travail et du salaire, ni à une meilleure constitution de l'état social. Au contraire, elle y

(1) *Sermon sur la justice prêché devant le roi.*

Nous citons souvent Bossuet à cause de la droiture de jugement qui caractérise ce grand homme.

encourage ; elle l'appelle de toutes ses forces.

Mais prenant la société telle que l'a fait la liberté humaine, avec ses vertus et ses vices, elle tâche d'inspirer aux hommes les meilleurs sentiments.

Doit-elle dire aux prolétaires : Prenez les armes ; enlevez aux riches ce qu'ils ont de plus que vous, et rétablissez ainsi l'égalité ?

Outre ce que de pareils attentats auraient d'odieux au point de vue du droit, il est clair que les riches ne se laisseraient pas facilement dépouiller et qu'ils auraient aussi leurs adhérents. Il s'en suivrait des guerres civiles et un brigandage perpétuel; car en admettant l'équilibre rétabli, il ne tarderait pas de nouveau à être renversé sous l'impulsion de passions et d'ambitions nouvelles. Qui empêchera les hommes d'être, l'un laborieux et économe, l'autre paresseux et dissipateur ?

Si la propriété est quelquefois le produit d'une rapine plus ou moins déguisée, convenons qu'elle est habituellement le fruit de l'épargne et du travail.

L'Église donc, tenant compte des infirmités de l'état social, infirmités que l'imperfection de la nature humaine rend inévitables, cherche à y porter remède. Et quand elle ne le peut pas, elle tâche au moins de consoler les malheureux ; elle leur dit : Si les circonstances sont telles, que par naissance, par revers, par accidents ou infirmités, vous soyez en souffrance, et que vous ne puissiez vous relever de cet état, sachez vous résigner et rester toujours honnêtes. Dieu qui le voit, vous tiendra compte de vos vertus.

L'Église dit aussi, avec Bossuet : « Le riche, « qui fait meilleure chère, qui est mieux vêtu, « mieux logé, n'en est pas plus grand pour cela ; « au contraire, dans le fond il est plus pauvre, « parce qu'il s'est fait des besoins de ce que « la nature ne lui demandait pas. Il serait et « plus riche et plus heureux, s'il ne lui fallait « que ce qui contente le pauvre. Qu'il regarde « donc son abondance comme une preuve de « sa pauvreté et de son infirmité ; qu'il s'en « humilie, qu'il en ait honte. Ainsi, il se mettra « en égalité avec le pauvre, et faisant de ses « biens un supplément des besoins de l'indigent, « il participera à la grâce de la pauvreté. »

Beaucoup de philosophes tiennent un langage analogue. Socrate prétendait que : « Moins on a de besoins, plus on est près des dieux. »

Épicure qui cultivait lui-même son jardin, vivant de pain, d'eau et de fruits, vante, comme un suprême bonheur, la frugalité et la simplicité de la vie. C'est en cela, dit-on, qu'il plaçait la volupté ; ce que Cicéron confirme quand il s'écrie : Oh ! qu'Épicure se contentait de peu !

Il est vrai que son école dévia singulièrement de ces pratiques.

Les anciens résumaient leur sagesse en deux mots : *Abstine* et *Sustine*, c'est-à-dire abstiens-toi de mal faire et sache supporter la peine et le travail.

Nous n'avons pas à disserter ici sur les avantages et les inconvénients de la richesse et de la pauvreté, mais du moins n'attribuons pas à la religion un défaut de justice et d'équilibre social qu'elle n'a ni créé, ni sanctionné.

Ce n'est pas la religion, mais simplement le bon sens et l'expérience qui ont dicté au fabuliste ces vers :

Jupin, pour chaque état mit deux tables au monde,
L'adroit, le vigilant et le fort sont assis
A la première ; et les petits
Mangent leur reste à la seconde.

Laissons donc les vaines déclamations.

Convenons, avec Proudhon et toute l'humanité, que le sentiment de justice est immanent dans l'homme et que la société civile doit la prendre pour règle et pour guide.

Mais convenons aussi qu'en rattachant à Dieu, comme à sa source l'idée de justice innée ou infuse en nous, nous en déifions le principe, sans commettre aucun écart de logique.

LXXI

Si l'on peut se passer de principes métaphysiques.

Proudhon affirme que « la justice est absolue, « immuable, non susceptible de plus ou de « moins, qu'elle est le maître inviolable de tous « les actes humains. » (I. 182.)

Quel est donc ce langage? Et que signifient ces mots : absolu, immuable, inviolable, sinon une perfection toute métaphysique? Où résident cette perfection absolue et cette immutabilité? Où en est le sujet, la cause essentielle et la raison d'être? N'est-ce pas dans ces mêmes termes qu'on parle de la divinité?

Aussi Proudhon laisse-t-il échapper les paroles suivantes :

« Il est un nom que rien ne peut effacer de « la pensée humaine... c'est le nom de Dieu.

« Irai-je sottement faire la guerre à ce concept « dont je ne suis pas le maître? Irai-je com- « battre par des arguments métaphysiques ce « qui est le produit fatal de toute métaphysique? « ou par des raisons tirées de l'expérience, ce « dont l'expérience elle-même me suggère la « notion ultra-empirique, l'absolu?

« Il se peut que tout ce qu'on raconte de « l'essence de Dieu et du monde surnaturel « soit vrai. Qu'en puis-je certainement savoir?

« Rien. Sur quoi fondé, puis-je le nier? Sur « rien encore.

« Honorons jusque dans le Dieu qu'elle adore, « la conscience humaine (I. 182.) ...Gardons la « charité, la paix avec ceux à qui cette foi est « chère. C'est notre devoir... Le plus sûr, puis- « qu'il s'agit surtout de sauver nos consciences... « c'est de nous en tenir à la foi de nos pères. » Ainsi s'exprime Proudhon.

« Un rigoriste de la démocratie, dit-il, était « venu m'avertir de la présence d'un Christ dans « la chambre de ma femme, j'ai répondu : il « y est, qu'il y reste. » (I. 182.)

LXXII

Des croyances en la vie future.

C'est qu'en effet le plus fier incrédule, en face de l'invisible et de l'inévitable, ne peut tout au plus que dire avec Rabelais : « Je vais sonder le *grand Peut-être.* »

Et, hypothèse pour hypothèse, beaucoup de démocrates, aussi amis de la justice que tous autres, sont d'avis que la perspective de l'existence personnelle après la mort est plus séduisante que celle de l'anéantissement.

Ce n'est pas ici le lieu d'entrer dans de grands développements sur l'existence des âmes et sur leur immortalité. Contentons-nous de quelques réflexions.

On constate que la matière est inerte de soi.

Mais alors quel en est le moteur? D'où lui vient, comme dit Pascal, la première chiquenaude? Quel en est le principe d'action, l'en-tête du mouvement, ἀρχη κινησεως selon l'expression d'Anaxagore.

Leucippe, Démocrite, Epicure, qui imaginèrent les atomes, les supposaient animés d'amour et de haine, φίλια καὶ νεῖκος; et dès lors sentants, intelligents. Vous les douez de forces immanentes. Mais il faut reconnaître qu'il y a au monde quelque intelligence. Convenez donc qu'il y a des forces intelligentes ou d'un seul mot des *âmes*.

Quant à la persistance des âmes après la mort, on admet comme un fait expérimental, qu'aucune existence matérielle, qu'aucun atome ne périt au fond et substantiellement

Pourquoi l'unité ou individualité pensante, plus subtile, plus puissante et plus noble que la matière, puisqu'elle en saisit les lois et qu'elle la meut par sa volonté; pourquoi disons-nous, cette substance unitaire périrait-elle?

Pourquoi ce principe capable des plus grandes conceptions, de la plus haute moralité, des plus sublimes dévouements, serait-il détruit à la dissolution du corps?

De même que notre terre n'est qu'un fragment de l'univers à l'harmonie duquel elle concourt, de même notre courte apparition sur la scène du monde, et ce que nous possédons de vérité, de justice et d'amour, n'est qu'une portion de l'ordre moral ou du plan divin, dans lequel entrent nos existences.

Avec nos sens bornés, nous n'apercevons qu'une partie du monde physique, le très-petit nous échappe par sa subtilité, et le très-grand par son éloignement et son immensité; mais des faits physiques connus, nous concluons aux inconnus.

Ainsi, à la vue des parcelles de l'ordre providentiel qui sont à notre portée, nous pressentons ce qui doit se passer dans le vaste monde des puissances morales, intelligentes et libres. De là vient la foi de tant d'hommes à la Providence, dont les plans échappent à notre myopisme.

« O Dieu! s'écriait un ancien, ne m'accordez pas ce que je désire, mais ce que vous savez me convenir. »

Les destins, disait un autre, guident celui qui veut les suivre et entraînent celui qui ne veut pas. *Volentem ducunt fata, nolentem trahunt*; ou comme dit Fénélon : « L'homme s'agite et Dieu le mène. »

Il arrive souvent que l'homme contrarié dans ses désirs ou accablé par la souffrance se plaint et se désole, ne voyant pas ce que cette période d'épreuves lui réserve de bonheur. Tel un enfant que sa mère redresse ou qu'elle écarte d'un danger séduisant, s'emporte en cris désespérés ; mais sa mère a pour lui la prescience de l'avenir.

Sans doute le mode d'être de notre existence ultérieure échappe à la raison pure. Nous manquons de sens pour apprécier l'invisible. Un fétus avant de naître se doute-t-il des merveilles qu'il est appelé à voir ?

Pauvres mites imperceptibles, reléguées dans un coin microscopique des existences et emportées dans le tourbillon des mondes, que savons-nous du grand univers? Que savons-nous de l'immensité ou de l'éternité ?

Par la vie future, par la sanction de la loi morale en Dieu, la théologie résoud l'énigme et explique une grande partie du problème, si elle n'en dissipe pas toute obscurité.

LXXIII

Sanction de la justice d'après les idées religieuses.

Quoi ! dit l'incroyant, l'homme, c'est-à-dire un peu de boue organisée, une excrétion ou exsudation de la terre, successivement perfectionné par les forces cosmiques, prétendrait survivre à la mort ! O délire de l'orgueil humain ! O sottise d'un ver de terre, qui n'est rien et qui se figure être immortel !

Oui, répond le théologien, l'homme est pétri de boue, mais il y a en lui un principe, image de Dieu. Il est actif, libre, raisonnable, il a le sens du juste et de l'injuste. Tout infime et infirme qu'il est, sa pensée le rend supérieur à tout le monde matériel, inerte et inintelligent.

Celui-ci peut changer et périr, mais la raison, la justice et les êtres en qui elles résident sont impérissables. Par sa raison, l'homme est initié aux plans du Créateur, qui sont l'objet de nos sciences. Par la vertu, par les devoirs accomplis, par la sainteté, selon le terme théologique consacré, l'homme peut s'élever jusqu'au sein de Dieu, qui lui tend la main. Tel est, selon l'Église, le but surnaturel et capital de l'existence humaine.

Voilà comment se pose la question entre croyants et incroyants. Libre à chacun de se préoccuper ou non de ces problèmes et de jouer à croix ou pile sa destinée future.

Mais il faut convenir que l'Église, loin d'être en opposition avec l'idée naturelle de justice, l'étend au contraire, et lui donne une sanction plus complète en la relevant jusque dans un principe souverainement intelligent, éternel, absolu, universel, immuable.

« Le Verbe, dit saint Jean, était la vraie lu-
« mière qui éclaire tout homme venant en ce
« monde. »

Il annoncera la justice aux nations, dit Isaïe.

Loin de favoriser la tyrannie, la religion

indique Dieu comme le juge qui punit toutes les tyrannies. « Dieu est derrière ceux qui souffrent pour la justice, » a dit Lacordaire. (*Disc. cité.*)

La religion dit aux oppresseurs, petits ou grands : « Tremblez, vous êtes immortels. »

Les anciens ne méconnaissaient pas ces principes métaphysiques, qui sont de l'essence même de l'homme libre. Un tyran faisait piler dans un mortier le philosophe Anaxarque. « Frappe mon sac, lui dit celui-ci, mais moi tu ne m'atteindras pas. »

Horace dépeint un juste que l'univers peut broyer, mais non écarter de son devoir.

Par contre en mille passages les historiens et les poètes ont exprimé le cri poignant de la conscience que tourmente le remords, indépendamment de toute vindicte des lois positives, et lors même que la faute n'est que dans la volonté, sans réalité matérielle.

« Hélas ! du crime affreux dont la honte me suit,
« Jamais mon triste cœur n'a recueilli le fruit. »

Il faut convenir que ce sont là des vérités de tous les temps; seulement l'Église a dogmatisé les principes innés ou révélés, en leur assignant la plus haute autorité.

Aussi Proudhon, à travers ses coups de boutoir, souvent trop risqués ou extravagants, ses utopies et ses contradictions, ne peut s'empêcher de s'exprimer ainsi :

« l'Eglise est la plus pure, la plus complète, la plus éclatante manifestation de l'essence divine. (I. 26.)

« Oh ! dit-il encore, le christianisme est sublime dans la majesté de ses dogmes et la chaîne de ses déductions. Jamais pensée plus haute, système plus vaste ne fût conçu, organisé parmi les hommes. (I. 135.)

LXXIV

L'Évangile dépasse tous les systèmes les plus philanthropiques.

Montrons maintenant que l'Eglise devance et dépasse en fait d'humanité toutes les conceptions les plus socialistes.

Il ne nous appartient pas de faire un sermon sur l'amour du prochain d'après l'Evangile et sur l'unité fraternelle des hommes.

Mais écoutons Bossuet, commentant ces paroles du Christ : « *Comme vous êtes en moi, mon père, ainsi qu'ils soient un en nous.* »

« Qu'il y ait entre eux, comme entre nous « une parfaite égalité depuis le premier jusqu'au « dernier ; qu'il y ait une parfaite unité et « communauté... Celui qui est riche doit suppléer à ce qui manque au pauvre, afin, répète « l'apôtre, que tout soit réduit à l'égalité... « Quand dirons-nous à notre frère qui souffre : « tout ce qui est à moi est à vous ; et à notre

« frère qui est dans l'abondance : tout ce qui « est à vous est à moi. Hélas ! on ne verra « jamais sur la terre un si grand bien dans « sa perfection. »

En effet ces théories sublimes, cet idéal d'abnégation et de parfaite fraternité, qui dépasse ce qu'aucun philanthrope a jamais pu rêver, n'est pas de ce monde. Dans le premier essai de communisme chrétien, les veuves grecques se plaignaient qu'on donnait d'avantage aux veuves des Hébreux. Aussi les agapes chrétiennes ne durèrent pas longtemps, non plus que la cité constituée par l'empereur Gallien sur le modèle indiqué par Platon, non plus que de nos jours l'Icarie de Cabet.

On fait bien un peu de communisme dans les couvents, dont chaque membre n'a rien à lui et où tout appartient à la communauté.

Mais on ne peut donner ces institutions comme modèle à la société civile, puisqu'on n'y admet que des personnes de même sexe, sans quoi le repos public pourrait être compromis.

« Deux coqs vivaient en paix ;
« Une poule survint
« Et voilà la guerre allumée.
« Amour ! tu perdis Troie ! »

Or, l'amour est nécessaire pour perpétuer la société civile.

Il faut d'ailleurs dans les couvents, comme

dans tout système de communisme, se résigner à abdiquer son indépendance entre les mains d'un supérieur. Dès lors la vie de communauté peut bien faire les délices de quelques personnes résignées. Mais la généralité des hommes tiendrait pour intolérable ce genre de contrainte ; elle se sent entraînée à d'autres modes d'expansion des facultés actives et sentimentales.

Les couvents ont eux-mêmes leurs côtés défectueux. Le diable y pénètre quelquefois ; la discipline s'y relâche ; ils sont sujets à réformation.

C'est que la nature humaine est imparfaite, le juste même pêche sept fois par jour.

Sous le froc du moine comme sous la veste de l'artisan ; sous la robe du magistrat et du prêtre, comme sous la cuirasse du soldat, à côté de sentiments admirables, l'homme conserve ses instincts de férocité, de haine, de cupidité, de passions indomptées. Même entre frères et confrères la concorde est rare. L'esprit de Caïn est encore errant sur la terre, et les doux agneaux seraient bientôt dévorés par les loups si la loi civile, debout, le glaive à la main, ne contraignait chacun à demeurer dans ses droits respectifs.

LXXV

Il indique un idéal de perfection à atteindre.

Est-ce à dire qu'on ne doit pas montrer aux hommes un modèle de perfection à atteindre ?

un idéal dont il faut se rapprocher? Sans doute, en voulant réaliser l'impossible il ne faut pas détruire le bien social présent, et sous prétexte d'amour et de charité pour les uns, dépouiller arbitrairement les autres.

Non, en indiquant la perfection à atteindre par la libre volonté des consciences, les apôtres n'entendaient pas renverser violemment la société civile existante. Ils prêchaient au contraire le respect des lois et la soumission à des maîtres difficiles. Ils déclarent (voir les épîtres) que « toute puissance, (sans distinction de république ou de monarchie), vient de Dieu, en tant qu'elle est instituée pour le bien. » *Minister Dei in bonum.*

Les apôtres eux-mêmes donnaient l'exemple du travail : ils étaient pécheurs, artisans, cultivateurs. saint Paul déclare qu'il ne recevait rien de personne pour lui-même. Il gagnait sa vie en faisant des paniers ou des tentes.

Ce trait montre l'injustice de Proudhon qui considère la religion comme tendant à former de béats contemplateurs et *quiétistes*, dédaignant les rudes labeurs de ce monde et considérant le travail comme un châtiment « afflictif et infamant », et une suite de la déchéance originelle.

Le fondateur du christianisme est sorti de l'atelier d'un charpentier. La Bible dit que dans le paradis terrestre l'homme était destiné à faire des œuvres, *ut operaretur*, et non pas à la fainéantise.

C'est la douleur, le travail ingrat (ronces et épines) que la théologie considère comme les suites de la déchéance.

Supposez, par les progrès de nos machines, tout travail pénible épargné aux hommes, ceux-ci en seraient-ils moins actifs comme directeurs, comme facteurs et organisateurs du beau, du bien, de l'utile, en un mot, créateurs des sciences et des arts de plus en plus progressifs ?

Proudhon, pour base de son système, n'a trouvé rien de mieux que la réciprocité des services et du respect que chacun doit à son semblable : *Respectez l'homme dans quelque position qu'il se trouve ;* formule assurément irréprochable, tout comme la maxime déjà citée : à chacun son droit (*Suum cuique ;* et cette autre : *Res sacra miser ;* « le malheureux est une chose sacrée. »

Mais combien cette formule est froide auprès du langage de Bossuet interprètant le commandement d'aimer son prochain : « Mon Dieu, « j'étends de grands bras à tous mes frères ; « je leur ouvre mon sein ; je dilate sur eux « mes entrailles, afin de leur être tout : père, « mère, frère, sœur, ami, défenseur et tout « ce dont ils ont besoin pour être contents. »

L'évangéliste saint Jean, devenu centenaire, ne trouvait plus, dit-on, d'autres discours pour ses fidèles que ces mots : *filioli, amate vos invicem*, (mes petits enfants aimez-vous les uns les autres).

Ainsi, travail et devoir, librement acceptés et exactement accomplis; amour et dévouement pour les autres : voilà l'idéal que propose à la conscience la loi religieuse, en faisant espérer à l'homme des destinées immortelles, où par la claire vue de toutes choses, l'amour sera éternel.

En quoi ces doctrines sont-elles contraires aux principes sociaux modernes?

LXXVI

Du devoir de l'État quant aux opinions religieuses ou philosophiques

Sans doute des intolérants, des enthousiastes, des hommes fanatiques ou pervers abusent de la religion comme de la philosophie; ils mettent au service de leurs visées les notions idéales les plus pures.

L'épileptique Mahomet, commerçant chez des peuples idolâtres, fait la rencontre d'hérésiarques chrétiens exilés. Il est séduit par leurs doctrines et, associant l'enthousiasme à la politique, il s'érige en prophète et déclare que les hommes n'ayant pas voulu accepter la loi d'amour apportée par Jésus, lui, Mahomet, est envoyé de Dieu pour les convertir par le glaive.

Il y a des sectaires de tout ordre, des chrétiens même, disciples de Mahomet plutôt que de Jésus, qui prendraient volontiers l'épée pour ramener à leur foi les peuples infidèles, les sectes dissidentes et les hommes qui n'ont pas leur rigorisme.

La loi civile doit surveiller ces extravagants, refréner leur zèle, et le réprimer s'il se traduisait en actes coupables.

Mais il faut apporter la plus grande tolérance, quand il s'agit de simples opinions religieuses ou philosophiques.

Poussons l'hypothèse à l'extrême. Supposons qu'un fakir de l'Inde prèche en France la doctrine panthéistique d'une des sectes de Boudha. S'abîmant dans les aberrations de sa libre pensée, il se considère *être seul tout au monde; ce qui l'entoure n'est que rêves, illusions, modifications, jeux du Maïa* (imagination). *Par suite tous actes sont indifférents, il n'y a ni bien ni mal. Tuer ou maltraiter père et mère est aussi moral que de les nourrir. Être juste, bon, aimant, dévoué, est faiblesse et vice. Il faut savourer les plaisirs qui s'offrent; la suprême volupté est de remplir son ventre sans rien faire, etc.* (1).

Voilà des théories abominables; il serait difficile de pousser plus loin les licences d'un panthéisme dont la pratique n'est malheureusement pas rare. Si chacun s'inspirait de ce suprême *égoïsme*, que deviendrait la Société? La propagation de pareilles doctrines serait

(1) *Dubois*, Mœurs et institutions des Indes, t. 2, p. 86 à 96.

déplorable. Elles ont sans doute contribué à la dégradation de la civilisation indienne. Des paradoxes, qui ne sont d'abord que de simples fantaisies de l'esprit, peuvent aisément entraîner aux relâchements effectifs de la morale.

Mais faut-il sévir contre les faux systèmes, en faire brûler les livres par la main du bourreau, et sous prétexte d'empêcher la licence tuer la liberté? Que prouvent contre une opinion les violences et les proscriptions? Il nous semble qu'il vaut mieux abandonner au mépris public les écarts de la pensée, et avoir soin de leur opposer les armes de la vérité et de la raison. La loi permet à un fou de divaguer tant qu'il ne nuit à personne, mais elle prend des précautions quand il devient dangereux. Elle doit de même laisser à chacun sa liberté de penser et de croire, mais en la limitant par le droit d'autrui (*salvo jure alieno*) et par la sécurité publique (*ne quid detrimenti respublica capiat*). Quand il y a des prédications évidemment immorales ou séditieuses, les lois de droit commun doivent les réprimer.

LXXVII

De la tolérance du Christ.

Nous l'avons dit, la loi religieuse est inflexible et immuable dans ses principes. Mais dans l'application elle n'exclut pas la tolérance.

« Il y a, dit saint Augustin, deux amours

qui bâtissent deux cités. L'amour de la justice, poussé jusqu'au mépris de soi, bâtit la cité de Dieu. L'amour de soi, poussé jusqu'au mépris de la justice, bâtit la cité du diable. Ces deux cités, mêlées dans ce monde, se font une guerre continuelle. Elles se sépareront un jour. En attendant, tolérons la seconde et aspirons après la première. »

On ne doit pas oublier combien l'auteur de la loi évangélique était tolérant. Il débute en honorant de sa présence un festin de noces et en y changeant l'eau en vin. — Singulier égarement du rigorisme! A un casuiste qui s'élevait contre l'usage du vin, on objectait le miracle de Jésus à Cana, il répondit : Ce n'est pas ce qu'il a fait de mieux.

Jésus fréquentait les publicains et en prit un pour disciple. Il conversait avec les samaritains qui appartenaient à une secte détestée.

Il ne veut pas qu'on brise le roseau à demi-cassé, ni qu'on éteigne la mèche qui fume encore.

Un jour, ses disciples indignés, l'engageaient à faire descendre le feu du ciel sur une ville ingrate. Il les réprimanda en leur disant : « Vous ne savez de quel esprit vous êtes. » Il dit ailleurs : « Laissez croître l'ivraie, de peur qu'en l'arrachant vous n'arrachiez aussi le bon grain ; le maître les saura séparer dans l'aire. » C'est justement l'inverse du mot fanatique attribué à Simon de Montfort : « Tuez tout, (sous-entendez : car tous sont nos ennemis), Dieu saura reconnaître les siens. »

« Soyez miséricordieux, dit le Sauveur, comme votre Père céleste est miséricordieux. »

Jésus pardonne à la femme adultère et interdit à ses disciples « de se servir de l'épée, même pour sa dernière défense. »

Il fête le retour de l'enfant prodigue. Que ce soit ou non le jour du Sabbat, il guérit les infirmes. Il appelle à lui les faibles et jusqu'aux petits enfants. Il promet de rendre au centuple le moindre bien fait aux pauvres.

Mais il s'élève contre les pharisiens, qui s'allégent eux-mêmes et chargent les autres; il chasse du temple les trafiquants qui en font une caverne de voleurs; il condamne le mauvais riche qui refusait jusqu'aux miettes de sa table à un malheureux dont les chiens mêmes avaient pitié.

Le samaritain, dit-il, qui panse et recueille un blessé étendu sur la voie publique, accomplit la loi, et non le pharisien et le lévite qui l'ont vu et sont passés outre.

Nous rappelons ces traits, qui nous viennent au courant de la plume.

L'Évangile entier n'est qu'une série d'enseignements de ce genre, indiqués, pressentis en partie par quelques sages, mais jamais enseignés et formulés avec une clarté et une autorité pareilles sans mélange d'erreur.

Jamais on n'avait vu l'amour des hommes découler de plus haut et pénétrer, d'une manière si intime et si pratique, les diverses couches de l'humanité, jusqu'aux créatures les plus infimes, pour les relever à de plus sublimes hauteurs.

Sans doute, on a commis des crimes au nom de la religion, comme au nom de la liberté et de la justice. Mais la vraie religion, comme la vraie liberté, ne sont pas responsables des fanatismes et des hypocrisies qui se couvrent de leur nom.

LXXVIII

Résultats historiques de la douceur et de la violence.

Terminons par une remarque historique.

Les violents disent : *La force prime le droit.*

L'Évangile dit au contraire : *Heureux ceux qui sont doux, car ils possèderont la terre.*

Ont-ils longtemps possédé la terre qu'ils avaient si rapidement conquise par les armes, les plus célèbres capitaines dont parle l'histoire ?

Alexandre qui fit périr tant de milliers d'hommes meurt à la fleur de l'âge, peut-être empoisonné. Peu d'années après, tous les membres de sa famille sont successivement mis à mort, et son empire est détruit. Ses lieutenants, dirons-nous, compagnons de sa gloire ou complices de ces crimes, devenus rois, s'entr'égorgent presque tous.

César qui tua deux millions d'hommes dans notre Gaule seulement périt assassiné par les siens. Bientôt ce sont les nations vaincues qui tour à tour fournissent des empereurs à cette Rome, si guerrière, si indomptable, si farouche. Et encore aujourd'hui, c'est un gaulois, Allobroge, qui règne au Capitole.

Les conquêtes de Charlemagne au nord, par le partage que ses petits-fils firent de son vaste empire, amenèrent la dislocation de la Gaule antique, qui depuis n'a jamais pu refaire son unité et se reconstituer solidement selon ses frontières naturelles.

Enfin, le César moderne, qui pendant vingt ans « broya tant de générations, » lui qui n'avait

« Qu'un coup d'œil pour mesurer la terre,
« Et des serres pour l'embrasser. »

en vint à ne plus posséder un peu de cette terre où son cercueil pût librement reposer.

Au contraire le Fils de l'homme, qui repoussait tout emploi de l'épée, et qui ne possédait pas une pierre pour y placer sa tête, a établi partout son empire. Ses doctrines de paix, de justice, de fraternité, de persuasion, finissent par primer la force et par dominer le monde.

Les progrès n'arrivent que peu à peu ; le travail est lent, troublé, difficile; mais enfin nous y marchons. N'y aurait-il que l'abolition légale de l'esclavage, n'est-ce pas un immense progrès ?

Mais ce n'est pas le seul. La femme relevée dans sa dignité; les privilèges de castes supprimés, le gouvernement représentatif généralement institué; les jurys criminels établis, les rigueurs du code pénal adoucies; la torture abolie; les mutilations légalement proscrites; les confiscations et la peine de mort pour cause politique supprimées; les fléaux de la guerre limités au moins en principe; le travail tendant à s'organiser, ainsi que l'assistance publique; l'instruction répandant la civilisation; la solidarité entre tous les hommes s'étendant de plus en plus, voilà des résultats moraux incontestables.

Qui sait ce que nous réserve l'avenir ?

LXXIX

Action du christianisme sur les masses.

Et qu'on ne prétende pas que le christianisme n'est pour rien dans ces progrès et qu'ils sont simplement un effet naturel du temps et de la philosophie. L'expérience historique atteste que les philosophies les plus pures peuvent avoir prise sur quelques esprits d'élite, mais qu'elles ont peu d'action pour entraîner les masses.

Les philosophes grecs et latins n'empêchèrent pas les turpitudes du paganisme et la basse corruption des derniers temps des républiques grecques et romaine.

Après une civilisation de plus de quatre mille ans, la Chine demeure immobile au point de vue des libertés publiques.

Qu'ont fait de l'Inde les doctrines bramiques ou

boudhiques, dont les poétiques divagations prétendent remonter la chaîne des temps, et qui semblent plonger dans la nuit de l'éternité avec leurs perpétuelles transformations de l'Être?

Sur tant de millions d'habitants, qui peuplent la terre, cherchez quelles nations marchent à grands pas dans la voie de la civilisation. Quelles sont celles qui vont partout dissiper la barbarie et qui servent de phare pour éclairer le monde? Les nations chrétiennes.

Ce sont là des faits positifs, éclatants, indéniables.

Y a-t-il une vertu que ne prescrive la morale évangélique, ou un vice qu'elle ne condamne pas, ou même un idéal de perfection qu'elle n'indique?

On dira : tous les chrétiens ne s'y conforment pas. Nous en convenons. Mais accusez les délinquants et non le code.

LXXX

Conclusion.

Résumons-nous.

Nos lois et institutions civiles, reflet des mœurs, des opinions et des progrès modernes, prennent les citoyens, non tels qu'ils devraient être, mais tels qu'ils sont. Elles ont pour but de régler leurs rapports et de maintenir la paix et l'ordre public, en protégeant les droits de chacun, et en favorisant les aspirations vers un état toujours meilleur. Elles doivent rester

14

dans leur domaine temporel, distinctes et indépendantes des lois religieuses.

Celles-ci à leur tour, parlant aux consciences, et montrant à l'homme les destinées et le but moral à atteindre, doivent demeurer dans leur sphère théologique, distinctes et indépendantes des lois civiles.

Il doit s'établir entre ces lois accord et non hostilité, leur but commun étant le relèvement de l'humanité.

De même que, sous l'infaillibilité des lois physiques, s'opèrent toutes sortes d'évolutions matérielles ; de même, sous l'infaillibilité de la loi religieuse, peuvent s'opérer toutes sortes d'évolutions et de progrès sociaux. Ces progrès, quelque grands qu'ils soient, n'atteindront jamais la perfection idéale indiquée dans l'Évangile.

La République, fondée sur le suffrage universel, se prête admirablement à toutes les modifications qui peuvent améliorer le sort des populations. Elle doit respecter les croyances religieuses et en protéger la manifestation, sans en imposer aucune par la contrainte.

De son côté, la loi religieuse, loin d'être opposée au principe démocratique, en est au contraire la première racine. Les idées de justice, de liberté, d'égalité, de fraternité, de paix et de concorde universelle en surgissent comme les fleurs sortent d'une tige.

Demeurons fermes dans ces principes, et ne craignons pas d'être à la fois religieux et républicains.

TABLE DES MATIÈRES

PREMIÈRE PARTIE

GÉNÉRALITÉS SUR LES LOIS ET LES LÉGISLATEURS

Avant-propos 3
I. Des dissidences entre la démocratie et l'Église. 5
II. Variabilité des lois civiles 6
III. Leur objet propre et leur caractère 8
IV. Du vote des lois par les majorités 8
V. Des erreurs possibles de ce vote 9
VI. Du droit sens des masses 10
VII. Droits et devoirs primordiaux. — De la loi naturelle antérieure et supérieure à toute loi civile 11
VIII. Du devoir d'obéir à la loi 13
IX. De la violation de la loi pour raison d'État.. 14
X. Du Machiavélisme 15
XI. Que l'honnêteté doit guider les hommes d'État 17
XII. Idéal de l'État 20
XIII. Nécessité de la société civile et des lois qui la règlent 21
XIV. D'un État sans loi 22

DEUXIÈME PARTIE

SUR LES LOIS CONSTITUTIVES DE LA SOCIÉTÉ

XV. Liberté personnelle. — Égalité devant la loi; inviolabilité des personnes et du domicile.. 24
XVI. De la propriété. — Droit de propriété... 25
XVII. Ses abus possibles.................... 26
XVIII. Conviendrait-il que toutes les propriétés fussent absorbées par l'État............... 28
XIX. De la famille.......................... 29
XX. Du travail. — Aptitudes diverses........ 32
XXI. De l'obligation du travail.............. 34
XXII. De la diversité des travaux........... 35
XXIII. Du travail prétendu improductif....... 37
XXIV. Associations. — Congrégations. — Sociétés secrètes............................ 41
XXV. Assistance publique.................... 45
XXVI. De l'enseignement. — Obligatoire et gratuit 47
XXVII. Enseignement privé................... 49
XXVIII. Laïque, religieux.................... 53
XXIX. Liberté de la presse. — Ses abus..... 56
XXX. Bienfaits de la presse.................. 58
XXXI. Des moyens de réprimer les écarts de la presse.................................. 59
XXXII. Gouvernement républicain............. 60
XXXIII. Exemple des anciennes Républiques grecques................................. 65
XXXIV. République romaine.................. 68
XXXV. Causes capitales de leur chute........ 69
XXXVI. Césarisme........................... 72
XXXVII. Avenir de notre République......... 75
XXXVIII. Causes et moyens de stabilité...... 77

TROISIÈME PARTIE

SUR LES RAPPORTS ENTRE LES PRINCIPES RELIGIEUX ET LES PRINCIPES DÉMOCRATIQUES

XXXIX. Liberté de conscience ou des cultes. — Objet de la loi religieuse autre que celui de la loi civile 80
XL. Danger des guerres pour cause de religion.. 83
XLI. De la tolérance 86
XLII. Sur l'intolérance de l'Église 88
XLIII. Sur l'infaillibilité de l'Église et du pape. 90
XLIV. Si elle doit s'étendre au temporel 91
XLV. Des causes de l'intolérance 95
XLVI. Empiètements de l'Église sur l'État 102
XLVII. Sanction purement morale de la loi religieuse 106
XLVIII. Des sévérités de l'Église contre la presse, etc 107
XLIX. Ses principes doivent être acceptés librement et non par la contrainte de la loi civile. 99 110
L. Des Concordats 113
LI. De la séparation de l'Église et de l'État. — Église libre dans l'État libre 116
LII. Il n'y a pas opposition entre la loi religieuse et la démocratie 119
LIII. Si l'Église est opposée à la diffusion des lumières 125
LIV. Sur le Syllabus 128

QUATRIÈME PARTIE

EXAMEN DE QUELQUES POINTS DE CRITIQUE

LV. Exposé des idées de Proudhon sur l'incompatibilité entre la Révolution et l'Église..... 135

LVI. Critique de la théorie de Proudhon...... 137
LVII. Si l'Église reconnaît la loi naturelle... 140
LVIII. Du cri : Guerre à Dieu.............. 145
LIX. Idées de Proudhon sur l'absolu......... 149
LX. Écarts de certains positivistes........... 152
LXI. Du socialisme......................... 156
LXII. Système social de Proudhon............ 160
LXIII. Si l'Église peut se faire socialiste..... 162
LXIV. Caractère général de la critique de Proudhon. — contradictions................ 167

CINQUIÈME PARTIE

SI LA JUSTICE SOCIALE CONCORDE AVEC L'ESPRIT DE L'ÉGLISE

LXV. Des vraies causes qui font obstacle au règne de la justice et de la liberté............... 174
LXVI. Ce n'est pas la religion qui attaque la liberté. — Mauvais instincts de l'homme.. 176
LXVII. Nécessité d'employer la force légale pour les contenir.......................... 179
LXVIII. La liberté naturelle à l'homme, selon l'usage qu'il en fait, l'élève ou l'abaisse..... 181
LXIX. De la notion de justice d'après l'Église 182
LXX. Sentiments de l'Église sur la pauvreté.. 185
LXXI. Si l'on peut se passer de principes métaphysiques........................ 189
LXXII. Des croyances en la vie future....... 190
LXXIII. Sanction de la justice d'après les idées religieuses........................ 193

LXXIV. L'Évangile dépasse tous les systèmes les plus philanthropiques.................... 196
LXXV. Il indique un idéal de perfection à atteindre................ 198
LXXVI. Du devoir de l'État quant aux opinions religieuses ou philosophiques 201
LXXVII. De la tolérance du Christ........... 203
LXXVIII. Résultats historiques de la douceur et de la violence........................ 206
LXXIX. Action du christianisme sur les masses. 208
LXXX. Conclusion 209
Table des matières 211

Foix, typographie Vᵉ POMIÈS.

CHEZ LE MÊME ÉDITEUR

La Personnalité, par J. ABASALO. 1 vol. grand in-18 .... 2 50

La Philosophie terrestre, par G. BARSALOU-FROMENTY. 1 vol. in-8.......... 5 00

Manuel de dissertations philosophiques, par Ernest LABBÉ. 1 vol. in-12.......... 4 50

Philosophie de la Nature, par Henri LEVITTOUX, 2e édition. 1 vol. in-8.......... 10 00

La Lumière sur la Vie et la Mort, par J. SEM. 1 vol. in-8.......... 6 00

Famille et Divorce, par l'abbé VIDIEU, 5e édition. 1 vol. grand in-18 .... 3 00

Le Paradis trouvé, par PROMÉTHÉE. Étude sociale. 1 vol. grand in-18.......... 3 00

La Religion, la Politique et l'Armée, 1 vol. grand in-18.......... 3 00

La Vérité sur le Christianisme, l'Église romaine et la Papauté, par Florent GÉRARD. 1 vol. grand in-18.......... 2 00

Le Droit divin de la Démocratie, par Théodore VIBERT. 1 vol. grand in-18.......... 3 50

Histoire du Christianisme et de la Papauté, par MAX-GASSI. 1 vol. in-8o.......... 5 00